Trumpet

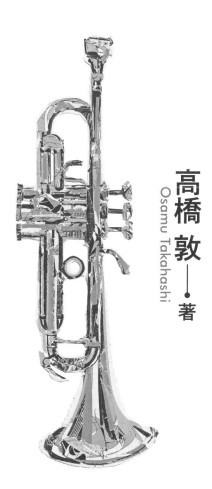

もっと音楽が好きになる
上達の基本
トランペット

高橋 敦 — 著
Osamu Takahashi

音楽之友社

はじめに

　私がトランペットを始めたきっかけは、小学校の吹奏楽部でした。10歳でトランペットを目にして、自分もやってみたい！　と思い、実際に始めるとすっかり大好きになってのめり込み、プロの演奏家を目指すようになって今に至ります。

　トランペットはかっこいい楽器で、オーケストラや吹奏楽の花形ですよね。
　私はふだんオーケストラでトランペットを吹いています。よく言われるのが、「オーケストラを壊すも生かすもトランペットしだい」ということです。

　目立つ楽器だからこそ、無神経に吹けば周りを壊してしまうこともあります。また一方では、百人近い人たちが一斉に奏でる音楽全体を、トランペットが引っ張って、より素晴らしい方向へと導いていくこともできるのです。それがトランペットのになう役割で、大事な使命です。これはオーケストラでも吹奏楽でも同じことです。

この本は、トランペットの演奏に悩んでいる人、トランペットの演奏を上達させたい人のために書きました。一つでも皆さんの参考になったり、皆さんが音楽やトランペットをもっと好きになってくれたらうれしいと思います。

　ただし、ここに書いてあることがすべてではありません。人によってやり方が違う部分はたくさん出てきます。私の考え方をヒントにして、自分なりのやり方を見つけていけば、必ず上達できます。

　「どうもうまくいかない」と思ったときには、この本を何度でも開いてみてください。そしてこの本を通して、もっとトランペット、そして音楽を楽しんで演奏してもらえることを願っています。

高橋 敦

もっと音楽が好きになる
上達の基本 トランペット

CONTENTS

はじめに ··· 2

きほんの「き」 音楽を始める前に　　　　　　　　　　7
- その❶ 呼吸 ·· 8
- その❷ 楽器を吹く姿勢 ·· 10
- その❸ アンブシュア ·· 15
- その❹ 息の吸い方と吐き方 ······································ 18
- その❺ タンギングと発音 ·· 22
- その❻ ロングトーン ·· 25
- その❼ リップ・スラー ·· 27

きほんの「ほ」 自由に音を奏でよう　　　　　　　　　31
- その❶ 音の処理とアーティキュレーション ··············· 32
- その❷ スラー ·· 35
- その❸ テヌート ·· 38
- その❹ マルカート ··· 40
- その❺ スタッカート ·· 44
- その❻ スケール（音階） ·· 47
- その❼ ダイナミクス ·· 51
- その❽ ダブル・タンギング、トリプル・タンギング ··· 53
- その❾ ピッチのコントロール ··································· 57
- その❿ ヴィブラート ·· 59
- その⓫ ミュート ·· 61
- その⓬ 音域の拡大 ··· 64
- その⓭ ウォーミングアップと基礎練習 ······················ 66
- その⓮ 1日10分のデイリートレーニング ··················· 67
- その⓯ 基礎練習のポイント ······································ 68

きほんの「ん」奏法から表現へ　　69

- その❶　アンサンブルの心得 ……………………… 70
- その❷　ハーモニー ………………………………… 71
- その❸　リズム ……………………………………… 74

きほんの「上」に 楽しく音楽を続けよう　　77

- その❶　本番に向けた練習計画 …………………… 78
- その❷　楽器と体のメンテナンス ………………… 80
- その❸　マウスピースの選び方 …………………… 83
- その❹　楽器を習う、教える ……………………… 85
- その❺　楽器がなくてもできるエクササイズ …… 86
- その❻　緊張を味方にする ………………………… 88
- その❼　「トランペット的」な生き方 …………… 89

おわりに　　91

特別寄稿 「本番力」をつける、もうひとつの練習
- ● 誰にでもできる「こころのトレーニング」（大場ゆかり）……… 92

[とじこみ付録] 高橋 敦オリジナル　デイリートレーニング・シート

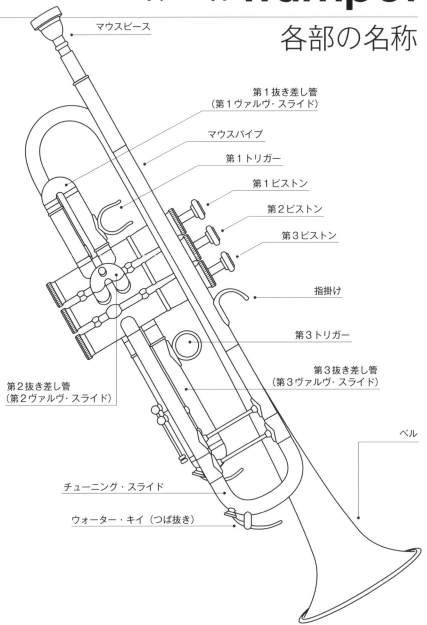

きほんの「き」
音楽を始める前に

Trumpet

呼吸

●呼吸のしくみ

　管楽器を自然な呼吸で演奏するためには「腹式呼吸」という方法が必要になります。腹式呼吸は「横隔膜呼吸」ともいわれ、横隔膜という筋肉が大事な役割を果たします。

　横隔膜は肺とつながっています。横隔膜に力を入れると、横隔膜は下がって肋骨が広がり、肋骨とつながっている肺が膨んで、空気が流れ込みます（吸気：図1左）。逆に、横隔膜から力を抜くと、横隔膜は上がって肋骨が縮まり、肺が押し上がる結果、空気が出ていきます（呼気：図1右）。これが**腹式呼吸**のしくみです。

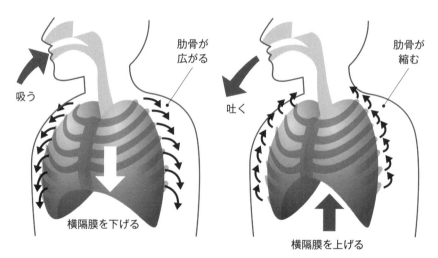

図1　腹式呼吸の仕組み。横隔膜の「動き」に注目！

　横隔膜が下がって息を吸ったとき、その下にある胃や腸が前方に押し出されておなかが膨らみます。横隔膜の動きを意識しづらい人は、このおなかの

膨らみを意識しながら息を吸ってみてください。ただし、おなかの表面の筋肉を動かして膨らませただけでは、息が十分に吸えないので注意しましょう。

次に息を吐き出します。基本的に、吸うときには横隔膜などの筋肉を意識的に使いますが、吐くときには収縮した横隔膜が自動的に元に戻ることで、息が自然と出ていきます。

トランペットを吹くときは、このように自然な呼吸を使います。ときには横隔膜の緩みを意識して息をしっかり吐き切ることもありますが、おなかに力を入れてカチカチにすることはありません。

●演奏に向かない呼吸

激しい運動をすると「はあ、はあ」と息が上がります。これは「胸式呼吸」といって、空気（酸素）を素早く体内に入れるための呼吸です。素早く呼吸できますが、少量しか空気を吸えません。しかも胸周りの筋肉を使うので、喉や肩に力が入ってしまいます。喉や肩に力が入ってしまうと、とても演奏しづらくなります。ですから楽器の演奏には向いていません。

●音楽を奏でる息

トランペットを演奏するとはどういうことか考えてみましょう。

人は、楽器がなくても歌うことによって音楽を奏でることができます。音楽をすることは歌うことそのものとも言えます。ですから「演奏」とは、自分の声では出せない音色や音域などを、楽器を通して歌うことだと思います。

トランペットなどの管楽器の場合、音を生み出すために絶対に必要なのが吐き出す息です。トランペットを自転車に例えると、息を吐き出すことはペダルをこぐことと同じです。レース用の高級な自転車でも、自分の足でこがなくては走れません。

ブレスで吸う息は、すてきな音楽を奏でるためのものです。**「歌える息」を吐くことがトランペットの演奏にいちばん大事**、ということを心にとめて、この本を読んでみてください。

楽器を吹く姿勢

●理想的な姿勢のポイント

トランペットを演奏する姿勢には、3つのポイントがあります。

ポイント① リラックスして演奏できる姿勢
ポイント② さまざまな筋肉や呼吸器などが十分に機能する姿勢
ポイント③ ステージマナーにふさわしい姿勢

これら3つのポイントを中心に、自分に合った理想的な姿勢を探しましょう。例えば「背筋を伸ばした姿勢」は、本当に「いい姿勢」でしょうか。

「背筋を伸ばした姿勢」の特徴

●**背骨が真っすぐ伸びる**ことで、内臓のスペースも縦に広がり、横隔膜の運動範囲をしっかり確保できて、深くブレスが取れる
　　　↓　つまり……
身体機能にいい！（ポイント②）

●**立派で堂々としたイメージ**が与えられる
　　　↓　つまり……
ステージマナーもいい！（ポイント③）

では**リラックス**の面ではどうでしょう？　背筋を伸ばす、胸を張る、と強く意識し過ぎて、体が硬くなったり反ったりしてはまったく意味がありません。背筋を伸ばすだけではなく、リラックスできて初めて姿勢が整います。

このように、体のどこかの部位にこだわるのが大事なのではありません。それによってどんな効果があるかを考えましょう。

●足でしっかり支えよう

勢いの強い息を吐くときは足や首、背中、または体幹など体全体でその息を支えます。私自身、高い音や大きな音が多いコンサートの後は、ふくらはぎがパンパンに張っていることがよくあります。座って演奏する場合、両足にも体重を預け、床に安定させて体全体で息を支えましょう（ただし、リラックスして）。あまり足にばかり体重を乗せても腰が浮いてしまい、上半身が不安定になりますから、お尻（腰）と両足の３点でバランスよく、リラックスできる感じで座るのが望ましいです（写真１）。

演奏中、興奮してくると足を広げ過ぎる人がたまにいますが、隣の人の邪魔になるのでほどほどにしましょう。

ふだんから理想的な姿勢であることで体がしっかり反応し、演奏の安定や技術の向上に結びつきます。姿勢が演奏を変えます！

写真１　お尻（腰）・両足の３点でバランスよく座る

●背もたれは使う？　使わない？

大事なのは体重のかけ方です。体幹があまり強くない人は、深く腰かけて背もたれを支えとして使ってもかまいません（写真２）。プロの演奏家でも背もたれを補助として使っている人は少なくありません。気持ちと姿勢はつながっています。前向きな気持ちになれるような姿勢で堂々と。力まずリラックスして、自分に合った姿勢を見つけましょう。

写真２　背もたれを使った座り方

●見た目よりも機能性

　トランペットの構え方は、演奏者の体格によって異なります。基本的には両脇を拳一つほど開けて構えますが、小柄な人だと手が伸びてしまって脇を横に開ける余裕はないでしょうし、指の長さによっても持ち方は変わります。これも見た目から考えず、いちばん機能的な方法を考えてみましょう。

写真3　立ったときの姿勢・構え方

写真4　座ったときの姿勢・構え方

●左手の役割

　左手は親指と人さし指・中指で楽器を持つのが基本です。楽器を支えて、力み過ぎず、握るというよりも左手の上に楽器を乗せる感覚で、強く握りしめなくても大丈夫です。

　親指と薬指はトリガーを操作して音程を調整する役割もあります。姿勢と同じく、リラックスした状態でそれぞれの指の役割がしっかり果たせるように構えてください。

写真5　左手の基本的な形：薬指をリングに入れる

写真6　ヴァリエーション①：小指が長い人は小指がトリガーの下に回り込む

写真7　ヴァリエーション②：中指をリングに入れる

写真8　ヴァリエーション③：人さし指をリングに入れる（特殊な形）

●右手の役割

　右手は、人さし指、中指、薬指の指先でそれぞれ第1ピストン、第2ピストン、第3ピストンのボタンを押さえます。この3本の指がピストンをいちばん下まで押さえられるようにします。指の関節は伸ばす人も曲げる人もいますが、指がちゃんと使えるように負荷をかけ過ぎないことがポイントです。

親指と小指の位置は、それぞれ2種類に分けられます。

●親指

写真9　右手親指の基本的な形：親指をマウスパイプの下に入れる

写真10　ヴァリエーション：手が小さい人は親指をたたんでシリンダーにかける

●小指

写真11　右手小指の基本的な形：フィンガーフックに引っかけて、唇にかける圧力を調節する。かけっぱなしでなくてもいいが、高い音を吹くときに重要

写真12　ヴァリエーション：指先でピストンを押さえるために、親指をピストンのシリンダーにかけて小指はフックの上に乗せてフリーにする人もいる

●ベルの角度

　ベルの高さや角度は、歯並びや顎の大きさによって決まります。ということは、これも一人一人違うのが自然です。上の歯が大きく下の歯が小さい人はマウスピースが下向きになってベルは下がります。逆の人は上がります。ベルの高さをほかの人と揃えるために、唇の振動や息の通りが悪くなっては本末転倒です。マーチングは見た目が重要ですから話は別ですが、日頃の演奏では、自分に合った角度にしましょう。

アンブシュア

●アンブシュアの役割

　トランペットはただ息を吹き込めば音が出るかというと、そうではありません。息を使って唇を震わせる必要があります。そのエンジンになるのが「アンブシュア」、つまり唇周辺の筋力です。効率よく唇の振動を生み出せるアンブシュアであればあるほど、柔軟性の高い演奏へと結びつきます。

　唇は内部の筋肉や周辺の筋肉によって自由に動かすことができます。これらの筋肉をどのように使うか考える必要があります。

●筋肉を意識する

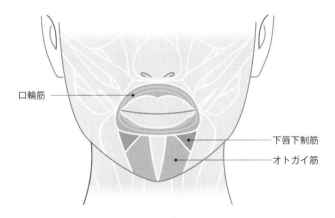

図2　口の周りにはさまざまな筋肉がある

　口の周りにはさまざまな筋肉があります。「口輪筋」(唇の周りをグルッと囲んでいる筋肉)は、口を閉じたりとがらせたりするのに使います。トランペットでは音の高低や強弱などを変えるために、一流アスリート並みの運動量がある筋肉です。

　口輪筋を使って口を閉じて、それ以外の筋肉は逆にバランスよく張ってア

ンブシュアをつくります。唇は、振動が伝わりやすい弦楽器の弦のように、その中心部には息を通すための、とても小さな針のような穴をつくるイメージ（実際は閉じたまま）です。

　下唇の下部にある「下唇下制筋（かしんかせいきん）」や「オトガイ筋」が緩んでいると、そこに空気が入り込んで息の圧力が落ちたり、アンブシュアが崩れたりする恐れがあります。また、下からむにゅっと押し上げてしまうと、下唇を巻き込み過ぎたり、反対にめくれ出たりすることもあるので注意してください。

●マウスピースの当て方

　唇にマウスピースを安定させるためには、エッジ（リムの内角部：図3）を、唇ではなく、皮膚の部分に当てるのが望ましいです（図4）。エッジが唇の柔らかいところに当たるのは、砂の上に家を建てるようなものです。また、口を普通に閉じているときに隠れている部分（粘膜）にも当たらないようにしましょう。逆に、唇を巻き過ぎて皮膚に接する部分が増え過ぎると音が出にくくなります。ここで大事なのが、マウスピースの大きさです。

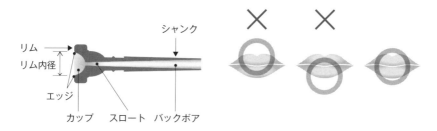

図3　マウスピースの構造　　　　図4　マウスピースのエッジを皮膚に当てる

　マウスピースにいろいろな種類があるのは、自分の口に合ったサイズを選ぶためです。一概に大きければよいとは言えません。ただ、大きめのマウスピースは唇をたくさん使えるので疲れにくく、豊かな音が出せます。また極端に小さいと疲れやすくなったり音色が硬くなったりする傾向はあります。

　それから、マウスピースは上下の唇にちょうど均等に当たるとは限りませ

ん。右利き・左利きがあるように、上下の唇どちらにマウスピースを当てるほうが得意かは人によって違います。簡単にいうと「利き唇」です。利き唇にしっかりマウスピースを当てて、もう片方は支えになる人が多いです。

自分の利き唇を知っておくと便利です。音階を上がって高い音にいくと、楽器を押しつける力（プレス）が強くなってきます。そのときに楽器の角度が若干変化すると思います。

上唇メインの人は高い音でベルが上に向いていきますし、下唇メインの人はその逆です（図5）。これをわかった上で練習すると高音も克服しやすくなります。ただし、ベルの向きの変化は目的ではなく結果です。顎の上下移動とともに楽器を押し付ける力を強めると、必然的に角度が変わっていくのです。

図5　利き唇にあわせて楽器の角度が変わる

上唇メインの人はベルが上を向く

下唇メインの人はベルが下を向く

人それぞれ、体のつくりも目指す音楽も違います。口の周りの筋肉を育てる意識をもって、効率よく振動させることを第一に考えましょう。

息の吸い方と吐き方

●ブレスと演奏の関係

　ブレスと演奏の関係は、弓矢の「弓を引く」、そして「矢を放つ」といった関係と似ています。強く弓を引き絞るようにブレスをたっぷり取れば、それだけ強靭(きょうじん)で安定した弾道の矢を射るように音を出すことができます。
　身近なスポーツに置き換えると、テニスや野球のスウィングも同じことがいえます。バックスウィング（ボールを打つときにラケットやバットを後ろに振り上げる動作）の幅やスピードを変化させて、ボールの打ち返しをコントロールしますね。これらと同じで、吐き出す息は吸い方に大きく影響されると私は考えています。

●理想的な息の吐き方とは？

　理想は、目の前にある音符すべてをきちんと音にできる息です。音がある限り、息を吐き続けるべきです。吐き出す圧力が不安定で流れが悪いと唇がうまく振動せず、音がかすれたり、外れたり、なくなったりしてしまいます。
　ではどのように吐き出せば、ある程度の圧力がかかった、流れのある息になるでしょう？　それは遠くに設置された的に息を当て続けるような感じです。バースデーケーキのろうそくの火を消すときの息も似ています。「ハァー」と息を拡散してしまう吐き方ではなく、「フゥー」と束ねた吐き方です。

　そもそも唇の中央から吐き出され、マウスピースの小さな穴を通り、細い円柱形のパイプを約1m30cmほど伝ってベルから出た音を、もっと離れた位置にいるお客様へ届けるわけです。あなたの演奏を楽しみにしているお客様に届けるイメージで息を吐いてみると、きっと「フゥー」という吐き方になるはずです。

●理想的な息の吸い方とは?

　ここでいう吸い方とは、横隔膜を使った呼吸の話ではなく、ブレスの取り方だと考えてください。ブレスは人それぞれの個性が出るところかもしれません。たまに息をゴックンとのみ込む人がいますが、それでは真っすぐな息を吐き出せません。また、大きく口を開けると、アンブシュアをつくるまでに時間がかかり過ぎて、ブレスから演奏までの間に喉に力が入って息を止めてしまうのでこれもおすすめできません。

　私がおすすめするのは、こんなイメージです。
　①はるか遠くの的に向かって真っすぐ吐き出す息を想像する
　②的の中心にくっついているピンポン玉を自分の口元に吸い寄せる
　　つもりでブレスを取る
　③そのピンポン玉を的の中心に吹き当てるイメージで音を出す

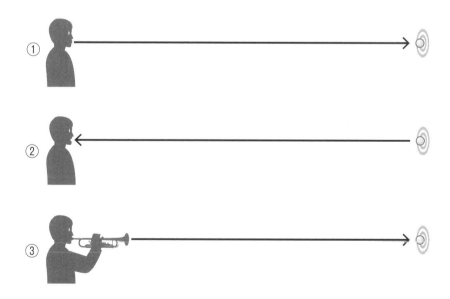

図6　数百メートル離れた的の中心にくっついたピンポン玉まで息を吐き出し、吸い寄せるイメージ

①～③の繰り返しで一連の流れを生み出します。すると、吐くときと吸うときの口の中の形がほぼ同じになります。それが理想的な吸い方であり、自然に演奏できる息の吐き方につながります。

吸うスピードや量は、演奏する曲のシチュエーション（テンポ、ダイナミクス、フレーズの長さ、音の高低、目指す音色など）に合わせて調節しましょう。よいブレスがよい演奏を生み出します。ブレスを軽視する者に進歩なし！

●アパチュア

ここで「アパチュア」について説明しましょう。アパチュアとは唇にできる息の通り道のことです。唇は息を吐き出すことによって自然とわずかに開き、その形は息を吐き続けることによって保たれます。ですから、アパチュアは息を吐くことと深く関係しています。

温泉や銭湯にある男湯・女湯と書かれたのれんをイメージできますか？アパチュアはのれんと一緒です。のれんが自分で動くのではなく、お客さんが通る（息が流れる）とのれん（アパチュア）が開きます。

図7　アパチュアとのれんは同じ

のれんが程よく上がった状態＝アパチュアが開いて息が通ったままの開き具合を保つためには、「アンブシュア」（p.15）の項目でも説明した、口の周りの筋肉も重要です。マウスピースのリムも支えになりますが、筋肉の支

えがないままに無理に息を通そうとすると、アパチュアが開き過ぎて、振動が止まってしまいます。

アパチュアに向かって四方から筋肉の圧力をバランスよくかけるからこそ、ほどよくアパチュアが閉まります。ただし、意識し過ぎると狭くなり過ぎて、高音が出ない、疲れやすいなどの問題が出てくることもあります。

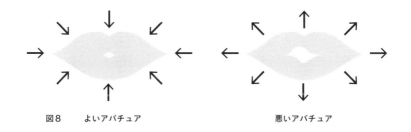

図8　　よいアパチュア　　　　　　悪いアパチュア

●おなかで支える？

よく「おなかの支え」と言いますが、それは腹筋を固くするのではなく、必要に応じて腹筋を使うということです。息を絞り出すときは腹筋を内側にゆっくりと、スピードが速い息を吐くときには腹筋を前側に突き出すように動かして、息を支えます。横隔膜を意識して十分に肺を膨らませて息を吸い、必要に応じたおなかの支えで音楽とともに息を吐き続けましょう。絶対に口先だけで吹かないように！

●ほかの楽器との違い

ときにはほかの楽器の先輩から吹き方を教わることもあるでしょう。違う楽器から学ぶこともあります。息をしっかり吸うことはどの管楽器にも共通ですが、ほかの管楽器とは楽器の大きさや音域が違うので、そのまますべてをまねてもトランペットには当てはまらないこともあります。

吐き出す量やスピードは楽器によって異なります。トランペットにふさわしい吸い方と吐き方で練習しましょう。

タンギングと発音

●音のクオリティーは発音で変わる

　タンギングとは舌を動かして音を切る奏法ですが、ここではまず、発音のことを一緒に考えていきましょう。

　タンギングは、ただ舌を動かして音を切るだけと思っていませんか？　息に比べて、タンギングはあまり重視されない傾向があります。また、舌を動かすスピードばかり気にして息が流れず、かえって舌が動かなくなることも少なくありません。

　タンギングは演奏に大きな影響を及ぼします。すべての音のクオリティーを左右するのがタンギングだと言われれば、タンギングを軽視するわけにはいかないでしょう。

　音の立ち上がりや音を刻むときには必ずタンギングをします。スラーやタイでつながっていないすべての音が対象になるので、演奏中はかなりの回数のタンギングをしていることになります。正しいタンギングを身につけることによって音色も変わるし、出せる音域も変わるし、もちろん舌を動かすスピードも変わります。このようなことがタンギングをするすべての音に影響し、演奏のクオリティーに大きく反映するのです。

●タンギングで音の立ち上がりをクリアにしよう

　理想的な発音のポイントは「フゥー」と吐き出す息（p.18）にあります。目標が定まった吹き方の口内の形を変えずに息を吐き出し、舌先を上の歯の裏側あたりに当ててすぐ離すと、息が同時に流れ出ます。「フゥー」という息を吐き出して、その口内のまましっかりと（でも決して力まず）タンギングをします。すると、実際には声は出しませんが、「トゥー（tu）」のような発音になると思います。日本語の「とぅー」よりはもっと丸みを帯びた息の

吐き出しで、母音もはっきりしています。

　出したい音によって口の中の容積は変化します。例えば高い音は狭くなり、低い音は広くなります。すると舌先が当たる位置も変化します。これは舌を突く角度が変化したというよりは、舌の根元がくっついている下顎が上下することによって変化しているのです。

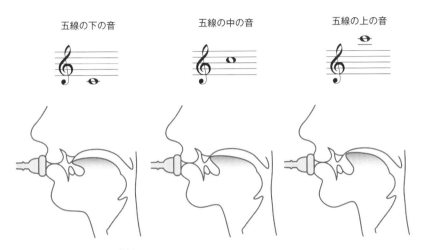

図9　舌は舌根(ぜっこん)を軸に上下するのではなく、顎と連動して全体的に上下する

　正しいタンギングによって、最初からある程度の圧力がかかった息を吐き出すことができ、音の立ち上がりがクリアになります。タンギングで吐き始めの息を整える、とも言えるでしょう。

●タンギングで起こりがちなトラブル

①舌を当てる位置が上顎の奥側過ぎる

　発音がこもって「るぅー」という発音となり、息の圧力も低く、詰まった音色になりがち。

②舌が歯と歯の隙間から出てしまう

　振動する唇を止めてしまったり、「ぺぇーん」といった破裂音になったりする。

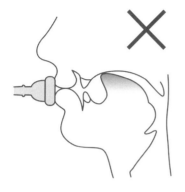 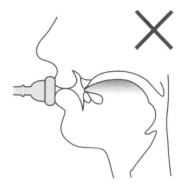

図10　①舌を突く位置が上顎の奥側過ぎる　　　　②舌が歯と歯の隙間から出てしまう

③誤った発音のまま息を吐き出す

理想的な息が吐き出せず、硬い音色になったり、薄っぺらい音色になったり、息苦しい音色になったりする。

④タンギングしたときと息を吐き出すときで口内の形が変わってしまう

息が乱れて、音が揺れたり、かすれたり、出なかったりする。

④は、特に大きな問題が生じます。そもそもタンギングと息の吐き出しは、ほぼ同時に行うものです。タンギングの後で口内の形が変わると、音が出た後に音色や音程が変わってしまいます。

唇の振動をつくるのはあくまでも息で、タンギングではありません。つまり、舌を突いて音を出すわけではなく、舌を引いた時に息が流れ出て音が出ます。だからこそ吐き出した息からきれいな振動をつくるために、いつも息の流れとともに理想的なタンギングを意識して、体と脳にそれをたたき込んでおきましょう。

ロングトーン

●ロングトーンはすべての基盤

　ロングトーンは、トランペットを演奏する上で基本中の基本です。その名のとおり音を長く延ばす練習で、言い換えれば、息を長く吐き出す練習でもあります。曲を演奏するときに、4小節もしくは8小節を一息で演奏することが多くあると思いますが、その間はずっと息を長く吐き出して、唇の振動を継続させて音を並べているので、息のスピードは変化してもこれも一つのロングトーンという考え方ができるのです。

　「ロングトーン＝息を真っすぐ吐き出す」練習がいかに重要か、理解して進めましょう。

●響きの豊かな音色と正しい音程

　ロングトーンをはじめとする基礎練習では、自身の技術向上と、よりよい演奏ができるようになることが目標です。ロングトーンの練習で身に付けたいのは、響きの豊かな音色と正しい音程です。一つ一つの音を、豊かな音色で真っすぐ、正しい音程で延ばすことができるように練習してください。

　メトロノームを♩＝60に設定して、そのテンポに合わせて4拍もしくは2拍かけてブレスを取り、12拍もしくは16拍延ばす。このパターンがロングトーンの基本形です。

譜例1　16拍がきつい人は12拍。楽に吹ける人はもっと長くてもOK

ブレスは必ずテンポに沿って真っすぐな息を吸い込みます。ロングトーンの息を逆戻しするかのように。

　出だしには息が流れるタンギングをして、その後は真っすぐ音を保ちます。
　音量は *mf* くらいの無理のない大きさがよいと思います。自然で楽に吐ける息、自分自身がコントロールできる息で練習しましょう。
　あくまでもよい音が出せる長さでやらないといけません。長く延ばすことだけが目標の練習ではないので、自分の体に合わせましょう。でも、もし8秒間続けてしゃべれるのなら、♩＝60のロングトーン8拍も同じ長さなのでできるはずです。そのくらいなら、初めて楽器を持った人も必ずできます。

　長く延ばせない人は呼吸法やブレスの項目に戻りましょう。体の力みや吸い方など、どこかに問題があるとロングトーンはうまくいきません。

●「ロングトーン＝息を真っすぐ長く延ばす練習」のポイント

　ロングトーン練習のポイントをまとめます。

ここをCHECK！

① **音の出だしに理想的なタンギングをする**　最初からある程度の圧がかかった息を真っすぐ吐き出す

② **最後、音を切るときに唇を閉じない**　唇を閉じて音を止めると最後の音程が上がってしまう。ハサミでひもを切るように唇で息を切らないよう注意

③ **舌で息を切らない**　息を吐き出すことを止めれば唇の振動が止まる、つまり音がなくなる

④ **常にコントロールできる息で練習する**　大きな音や小さな音でロングトーンを行うときも力み過ぎない。コントロールできる息こそが音楽表現に不可欠

　ロングトーンも、息の勢いに任せずに、常に歌って、音楽的に練習してください。ロングトーンこそがあなたの音楽性を左右します。

リップ・スラー

●金管楽器の基本、リップ・スラー

　ロングトーンで得られた、響きの豊かな音色とコントロールされた真っすぐな息を使って、リップ・スラーを練習してみましょう。リップ・スラーとはヴァルヴ（ピストンやロータリー）やタンギングを使わずに、口の周りの筋肉や息の量、スピードを変えて音の高低を変えることです。音を出すことに柔軟性が得られ、機動性も高まります。

　その副産物で、余計な力みが自然に減ります。毎日必ず取り組んでほしい、とても重要な奏法の一つです。常に響きの豊かな音でリップ・スラーの練習を行えば、より効果が上がります。毎日リップ・スラーの練習を行うことによって、より豊かな響きの音が得られます。

●リップ・スラーは「柔軟な支え」から

　息を吐き出している間、息の流れを止めずに演奏できるように目指します。音の高低が変わるので、口の周りの筋肉の支えや口の中の容積、そして息のスピードは変化しますが、肝心なのは音色と息のコントロールです。

　息を真っすぐ吐き出しながら音を変えるのは、初めは結構難しいでしょう。1本の真っすぐな硬い棒を曲げるのは難しくても、柔らかい素材であれば自由に曲げられます。ホースから出る水をイメージしてください。ホースから出る水のように変幻自在な息は、「柔軟な支え」から生み出されます。まずはリラックスしましょう。口の周りの筋肉でアンブシュアをしっかりと支えつつ、柔軟かつ繊細に変化できるよう、運動性の高い状態が、響きの豊かな音につながるのです。

　「柔軟な支え」は、音楽の変化に対応できる「柔軟な演奏」に不可欠です。演奏の機動性を高めると、困難な超絶技巧にも挑むことができ、いろいろな音楽が演奏できるようになって、トランペットがさらに楽しくなります。

●リップ・スラー練習法

最初はゆっくりと無理のない速さで練習してください。

譜例2　12拍のリップ・スラー（ソ−ド−ソ）

まず、🎼 の音を♩＝60で12拍ロングトーンをします。この真っすぐの息が基本なので、よく覚えておきます。息をたっぷり取ったら、同じ息の使い方で、今度は4拍 🎼 を延ばし、タンギングをせずにその下の 🎼 に音を変え4拍延ばし、また最初の 🎼 に戻り、タンギングせずにさらに4拍延ばす。これで合計12拍。決して唇に頼り過ぎずに、常に息の流れを意識して練習してください。このパターンで半音ずつ下がります。

余裕ができたら、16拍のパターンでもやってみましょう。

譜例3　16拍のリップ・スラー（ソ−ド−ソ）

リップ・スラーは音高を変える練習なので、それに伴い唇の振動の幅やスピードも変えなくてはいけません。方法はいくつかあります。

●リップ・スラー練習のポイント

①口の周りの筋肉を使って息の通り道を変える
　高い音は唇を閉めて、低い音では唇を緩める。

②下顎を上下させて口の中の容積を変える
　高い音は容積を狭め、低い音では容積を広げる。口の中の容積が変化することによって、吐き出す息も変化する。例えば高音は「ヒィー」、中音は「ヒュー」、低音は「ホー」。声を出すわけではないが、下顎の位置を変化させた結果としてこのようになる。

③吐き出す息のスピードを変える
　高い音には圧がかかった速い息、低い音には圧を緩めて太くしたようなゆっくり、たっぷりとした息。息の流れを決して失わないよう気を付ける。

④音の移り変わりを単に上下への移動と捉えずに、きちんと頭で正しい音程を歌いながら並べていく
　上下運動と捉えてしまうと、口を閉じ過ぎたり開き過ぎたりしてなかなか感覚をつかむことができない。正しい音程の感覚が音の移り変わりの道標となり、しっかりフィットすることができる。

　①〜③を同時に、しかもそれぞれが適量でないとリップ・スラーはうまくいきません。もちろんどれか一つが欠けたり、どれかに頼り過ぎてもバランスを崩し、思いどおりに音が並びません。

　最も重要なのは④です。ただし、正しい音程を頭の中であまりピンポイントに並べてしまうと、しっくりこないということもあります。トランペットの音程は運指によって癖がかなりあるので、その場合はトリガー（抜き差し管）を少し抜いたり、息の使い方を工夫したりしてみましょう。それも含め

て、柔軟性を身に付ける練習と考えるとよいでしょう。

　メトロノームを使って、必ず決めたテンポ、決めたタイミング（リズム）で練習してください。始めは無理のないゆっくりとしたパターンで、慣れてきたら徐々にスピードアップして、ワンブレスでの音の数を増やしたりして、自分に合った練習を毎日行ってください。すべての練習において、本番で使えるような内容を求めましょう！

体も音楽もひとそれぞれ

　構え方やアンブシュアで悩む人はたくさんいます。ですが、理想はあっても、こうでなくてはならないという答えはありません。実際に、世界的トッププレイヤーのアンブシュアも全員同じではなく、それぞれに個性があります。

　それは、人それぞれ顔の形が違うし、唇の厚さ・大きさも違うからです。ですから、有名な奏者のアンブシュアをまねても同じように演奏できるとは限りません。正しいアンブシュアは人それぞれにあり、もしくは人それぞれに違う答えがあるとも言えます。

　アンブシュアの答えが一つではないように、音楽の答えも一つではありません。自分の目指す音楽が演奏できるように、自分にとって最も理想的なアンブシュアを常に追い求めてください。

　特にアンブシュアについて言うと、自分の音楽性の成長とともに進化していきます。始めはあまり難しく考えずに！　吐き出す息のイメージを優先して、少しずつ口の周りの筋肉を意識して、年月をかけてじっくり育ててみてください。筋肉が育つと顔の見た目が変わってくることもあるかも……。

　ただし、アンブシュアは筋肉で成り立っているので、長期間使っていないと衰えていきます。その点も理解しておきましょう。

　そして今、演奏がうまくいっているならアンブシュアは変えなくてかまいません！　もし、練習していて壁に当たったり、鏡を見てあまりにもほかの人と違うようなら一度考え直してみてもいいでしょう。でも、出ている音がよければ自分を信じて。自分の音で音楽をしたいという気持ちをより優先してください。

きほんの「ほ」
自由に音を奏でよう

Trumpet

音の処理とアーティキュレーション

●トランペットの音の処理

　多くの日本人は音の刻みを「ターン　ターン」と表現しますが、この「ン」という発音（というより消音）は口を閉じて生み出します。音を切るのだからそれでもよさそうですが、「ターン」と口を閉じると最後の音程がずり上がってしまいます。また、振動している唇をいきなり閉じて押さえ込むと、音色が「グズグズ」「カスカス」とにごってしまいます。じゃあ最後に「ン」をつけなければよいかというと、「ターア　ターア」とぶっきらぼうになってしまいます。こういう人、よくいます。

譜例4　メンデルスゾーン：《真夏の夜の夢》より〈結婚行進曲〉

　欧米人はどうでしょう。彼らは非常に多くの擬音を使って音を表現します。代表的なのが「teeeeeeng」か「teeeeeem」です。見てのとおり、彼らも最後に「ン」のような「ng」や「m」が入ります。「ng」は「n」だけでは表せない一つの子音で、ストップしてしまう発音ではなく、少し空間を残すような発音です。「m」も「ン」に比べると宙に浮いたような発音です。

　日本語も欧米の言語と同様に、発音上ではいくつかの「ん」があります。試しに次の二つに含まれる「ん」を発音して比べてみましょう。

　①「アンパンマン」→しっかり口を閉じる「ン」

　②「感動・感謝・感激」→口を開いたまま、しかも母音混じりのような、はっきりとしない「ん」

　欧米の言語は、「Come on」のように最後に「n」があっても実際には「カ

モ〜」のようにほとんど「n」が聴き取れません。そしてイライラしていたり、怒鳴った口調でハッキリと言い切って発音した場合は「カモーンヌ！」のようにほかの子音まで聞こえるようになります（個人的見解ですが）。日本語のようにキッパリと力強く「ん」と言い切ることは、ほとんどなさそうですね。

> **ここをCHECK！**
>
> ○ 最後まで真っすぐ息を入れる
> ○ 息を吐き終えるときに「ng」「m」のような空間を生み出す子音を入れるイメージで音を終える
> × 「ターン」のように唇を閉じて音を切らない
> 　（音程や音色が乱れる）
> × 「ダー」「バー」など母音で音をストップしない
> 　（だらしない演奏になる）

●トランペットの音の処理まとめ

　このように空間を生み出す音の処理ができてくると、トランペット奏者にとって最も重要な音型の一つ、減衰するペナント型のマルカート（後掲p.40）が身に付きます。この型は古典の音楽を演奏する上で欠かせません。

　もちろん例外的な音の処理もあります。音楽が急に止まり、息をのむような静寂感を演出するために、あえて音の最後に子音を残さず母音で切り、ハッとするような、スパッとした音の切り口を演出する場合もあります。

●アーティキュレーションとは

　ダイナミクスとともに、聴き手に伝わりやすい音楽表現の一つとして、アーティキュレーションがあります。アーティキュレーションとは、「１フレーズの旋律をさらに小さい単位に区切り、そこに形や意味を与えること」とあります（音楽之友社『ポケット音楽辞典』）。具体的には、音型をさまざまに

きほんの「ほ」

変化させてつなげていく、音の並べ方のことです。

　私たちは、音楽のシーンや表情に合わせて、そして作曲者や指揮者の指示に従って、音型をさまざまに変化させて演奏しなくてはいけません。作曲家の思いや感情を忠実に演奏するためにも、まずは楽譜に書き記されたアーティキュレーションの変化を大事にする必要があります。

　曲の雰囲気に合わせた音型で演奏することは、いろいろな感情に合わせてしゃべり方を変えるのに似ています。また同じ記号でも、作曲された年代、作曲家の意図、テンポ、指揮者の意向、ともに演奏する相手などによって扱い方は変わります。さらに、テヌートの記譜が作曲家によってはマルカートの意味であったり、スタッカートはアクセントの意味であったりします。楽譜を見ながらプロフェッショナルの演奏を聴くととても参考になります。アーティキュレーションの読み解き方も大事なのです。

●アーティキュレーションの種類

　アーティキュレーションの種類は限りなくありますが、大まかに分類します。それぞれの中にも、無限大の表現があります。

名称	奏法
スラー	タンギングせずに、音と音をなめらかにつないで並べる
テヌート	タンギングとともに、長さを十分に保って音を並べる
マルカート	タンギングとともに、はっきりと弾むように音を並べる
スタッカート	タンギングとともに、短く軽やかに刻んで音を並べる

　記号のついていない音符も、動きをもたない音符ではありません。歯切れのいい行進曲（マーチ）なら８分音符をスタッカートで吹いてみるなど、作曲者や曲の様式を考えて音楽をつくっていきましょう。

　音を並べるイメージは、楽譜と同じように右横に進むと思ってしまいがちですが、私はこれが音楽を平面的にしてしまう原因の一つだと考えています。空間を縦横無尽に流れ進むフィギュアスケートのように、音一つ一つに生命が宿った立体的な音楽を奏でるのが理想です。

スラー

●自然で美しい、スラー

スラーは、音の移り変わりにタンギングせず音を並べる演奏技法のことです。音に動きがあるパッセージを練習する際は、その音の配列に合った息の流れや正確な音程の取り方・歌い方を学ぶためにスラーで全部の音を並べて、それからテヌート、マルカート、スタッカートという順で、理想的なアーティキュレーションに整えていくのが基本です。音が思うように並ばないときは、まずスラーで練習してみて、その息の流れでフレーズ感に合わせて、美しく、自然に音を並べることを目指します。

スラーは簡単だと思っているあなた！　大間違いです。この譜例を吹いてみてください。

譜例5　スラーは音程が離れると難しい

確かに隣同士の音でのスラーはそんなに苦ではありませんが、音と音の距離が離れると結構大変になってくると思います。今度はタンギングをして吹いてみてください。きっとスラーよりもちょっと楽に演奏できたと思います。スラーは動きによってはとても大変です。タンギングでうまく音が並ばないような箇所は、スラーではもっと難しくなることが多いと思います。**だから、あえてスラーで練習する**のです。というのは、タンギングでうまくできない箇所は、タンギングが失敗しているのではなく、息の流れまたは頭の中での音の取り方が失敗していることが多いからです。

●スラー演奏で陥りやすいポイント

自分ではスラーで演奏しているつもりなのに、なぜかきれいなスラーに聞こえない —— その原因はきっと、次のうちのどれかです。

①タンギングしている

これはもう絶対にスラーに聞こえませんね。タンギングせずに演奏してください。でも、スラーに聞こえるようなタンギングは身に付けておくと、ものすごく役に立ちます。

②頭の中での歌い方がスタッカート

タンギングしていないのに音がつながらない、というパターン。息の流れが止まっています。まずは自分の声でそれを確かめてみましょう。

③ピストンを押さえるタイミングが遅い

ピストンをゆっくり押さえると、ピストンの息の通り道と抜き差し管への息の入口・出口がかみ合わずに、抜けの悪い音がはさまります。これをハーフ・ヴァルヴもしくはクォーター・ヴァルヴといって、ジャズなどでは一つのテクニックとして用いることもありますが、クラシックではほぼ使いません。スラーといえども音が変わるタイミングは一瞬です。「なめらか＝のんびり」ではありません。頭の中で滑らかに歌っていても、指はキレのよい機敏な動きでピストンを押さえましょう。

④これらの原因に当てはまらない

練習不足です。しっかり練習してください。ただ、音が離れているスラーは難しいはず。それは瞬時に息のスピードや量（簡単に言うと吐き方）を変化させる必要があるからです。もしそれが速いタイミングのパッセージだったとしても、ゆっくり次のような感じで練習してみてください。

●下の音から離れた上の音にスラーで移る場合

▶上に上がる前の音に、ジャンプするための助走をつけるようなつもりで、力まずに息をしっかり入れて音をつなげる。

▶ただし、アパチュアが必要以上に広がってしまうと、より動きにくくなっ

てしまうので、アパチュアを広げ過ぎず、息を加速させるための流れをつくるイメージで、そして豊かな響きのある音で跳躍の前の音を吹く。

● **上の音から離れた下の音にスラーで移動する場合**
▶ 上の音にしっかり響きのある音をつくり、次の低い音にも真っすぐしっかり、流れている息を入れて音を出す。
▶ 下の音だからといって流れの悪い、いい加減な息では違う音に引っかかって下の音に到達せず、また到達してもよい音ではない。「クレシェンドするように」というと大げさだが、そのくらい息の流れを意識して練習する。

● 自分の声で歌うこと

音の移り変わる瞬間は素早く、間にほかの音が入らないように移動しないと美しいスラーに聞こえません。

● **まずは自分の声でその箇所を歌ってみる。**
息の流れ、音程などがチェックできます。
● **次に、マウスピースだけで。**
声で練習した息の流れと音程の取り方に合わせて、アンブシュアやアパチュアの変化を、楽器の抵抗や音のツボに関係なく確認します。
● **そして、トランペットでも同じように演奏できるように練習してみる。**
声で歌うのは、頭の中で演奏したい音がしっかりとクリアになっているか確かめられるとてもよい練習です。毎日のウォーミングアップで、ロングトーンやエチュードを声で歌ってから演奏するトップ奏者もいます。ただし歌おうと思うばかりに、トランペットを吹くときにも声帯を使ってしまう人が時々います。そうなると息の圧力が下がって支障が出てしまうので気を付けてください。

きほんの「ほ」

テヌート

●音楽に深みを与える、テヌート

　テヌートは、一つ一つの音を十分に長く保つ奏法です。というと単純ですが、種類や性格は無限大です。甘く語りかけるような場面にも欠かせませんし、宇宙征服を企む暗黒の帝王のように、制圧・恐怖などの圧倒的なパワーを表現するときには力強いテヌートが効果を発揮します。

●テヌート演奏で陥りやすいポイント

①音を後押ししてしまう

　テヌートの演奏で陥りやすいのは、音を長く延ばそうとするあまり、後押ししてしまうケースです。一つ一つの音を後押しして演奏すると、フレーズ感も魅力も優雅さもなく、聴き苦しくなってしまいます。音程も含めて、一つ一つの音は真っすぐ保って演奏しましょう。

②タンギングが甘くなる

　音を真っすぐ伸ばそうと思うあまり、タンギングが「ルールー」のように甘くなりがちです。切れているようで切れていない状態についついなってしまうのはNGです。一つ一つの音に正確なタンギングを行ってください。

③テンポが遅くなる

　音を十分に延ばすことに気を取られると、指定のテンポよりどんどん遅くなりがちです。確かにテヌートが書かれている箇所は基本的にはゆったりとした／堂々とした／重々しいといったシーンが多いのですが、テンポをコントロールができなければアンサンブルを乱します。雰囲気を出しながらテンポをしっかりキープできるように、練習では必ずメトロノームを使用してください。

●テヌートの練習方法

　メトロノームを♩＝60に設定し、一つの音をロングトーンするように息を真っすぐ吐き出しながら、4分音符をテヌートで8拍刻み、そのまま続けて4拍もしくは8拍その音を真っすぐ延ばす。つまり、12拍もしくは16拍のロングトーンの前半8拍をテヌートで刻む練習方法です。

譜例6　4分音符をテヌートで8拍刻み、4拍または8拍延ばす

　注意点は、ロングトーンやタンギングの練習とまったく同じです。加えて、前ページの「テヌート演奏で陥りやすいポイント」にも気を付けてください。慣れてきたら、前半の8拍の刻みを8分音符で行いましょう。出せる音域すべてでこのように練習してください。8分音符にも慣れたら、8分音符の3連符や16分音符でも練習してみてください。さらに少しテンポアップしたり、「ドレドレドレドレ……」や「ドレミレドレミレ……」、「ドレミファソファミレ……」など、音にも動きをつけてみましょう。

　タンギングを速くする練習ではないので、**とても速いテンポやリズムで練習する必要はありません**。必要以上に息を使い過ぎたり、タンギングが強過ぎたり不発にならないようにしましょう。

●テヌートとレガート

　テヌートと似た言葉に「レガート」があります。

　どちらも音を保つ奏法で、同じ意味で使われることもありますが、テヌートが一つ一つの音を長く保つのに対して、レガートは「滑らかに（音と音をつないで）」という意味です。音と音をつなぐ奏法にはスラーもありますね。「レガート」にはスラーのニュアンスも含まれているのです。

　音を保つ、と言っても方法はさまざまです。

マルカート

●トランペットらしさの象徴、マルカート

　マルカートは一つ一つの音に減衰する形をつけてはっきりと演奏するアーティキュレーションです。また減衰する音型は高貴で気品があり、上品な演奏を求めるには不可欠です。軽快に演奏したり、アンサンブルをするうえで周囲の邪魔にならないようにするときなど、マルカートや減衰する音型の出番は言い出したらキリがありません。

　息は音がある限り常に吐き続けていなくてはならないので、その1本の息の流れの中で、音の一つ一つに減衰する形をつくっていきます。減衰する形の音をよく鐘の音（ベルトーン）に例えますが、この減衰する形も音楽シーンによってさまざまな形が存在します。fp のようにすぐ減衰するパターンもあれば、ほぼテヌートに近い本当に音の最後のみ減衰するパターンもあり、減衰の絞り方をコントロールできるようになれば、それだけ表現の幅が広がります。

　ここで練習してほしいのは、ゆっくりと減衰する型（ペナント型）です。

譜例7　基本のペナント型とそのヴァリエーション

　この減衰する音型はトランペットを演奏する上でとても重要なテクニックの一つです。トランペットはすべてを凌駕するかのような大きな音が最大の魅力の一つですが、常に大きい音が求められているとは限りません。私たちが ff で音を延ばしているときに、木管楽器や弦楽器など、ほかの人たちが

必死で難しい細かなパッセージを演奏していることがよくあります。それを気にせず目いっぱい ff で吹きちぎってしまうのは、キメ細かなタッチで描かれたとても繊細で美しい絵画を、濃いペンキを使ってローラーですべて塗り潰すのと同じです。そういった自己顕示欲の塊のような演奏は、みんなから嫌われます。とはいえ作曲家も必要だからその音を書いているので、しっかり存在を残しつつ周りの音も引き立てるために、この減衰する形を用いて演奏します。減衰することによってオーケストラや吹奏楽のサウンドがすっきりして見通しがいい演奏、響きにつながります。とても重要なことなのです。

●マルカート減衰の歴史

また、ヴァルヴ・システム（ピストンやロータリー）が開発される以前の楽曲（ハイドン、モーツァルト、ベートーヴェンなど）では、トランペットのみによる旋律も少なく、どちらかというと全体に厚みを出すためのハーモニーの一部や、骨組みとなるリズムを演奏していることが多いのです。スタイリッシュにそれらの存在をアピールしつつ周りをサポートするには減衰する形が不可欠です。しかし多くの作曲家は、スコアにそう記していない（ディミヌエンドやデクレシェンドが特にない）ことが多く、楽譜上の見た目にはそのような箇所は見当たりません。当時の常識と現代の常識に違いがあるので一概にそうとはいえませんが、当時は長い音は指示がなくても減衰する傾向にありました。また、現代の楽器のように大きな音も出ませんでした。つまり、楽譜に指示がなくても自然とそう演奏していたり、ほかの楽器をかき消すほどの大きな音も出せなかったため、作曲家も減衰するように指示を書かなかったかもしれません（すべてがこれに当てはまるわけではありません）。

しかし、一流オーケストラのパート譜には、たいていそういった箇所に手書きでデクレシェンドが書き込まれています。または、ff を消して mf と手書きで訂正されていたりします（ちなみにベートーヴェンの楽譜にはもともと mf や mp は存在しません）。これは名指揮者たちの指示によるものです。大げさないい方をすると、その楽譜の書き込みどおり演奏すれば自然と、か

の名指揮者の演奏に近づくともいえます。３世紀以上にわたり世の中も楽器も演奏家も大きく変化してきました。しかし、こういった伝統は受け継がれているのです。つまり、一流オーケストラの所有楽譜は世界的音楽財産なのです。

　マルカートに話を戻しましょう。トランペットが受け持つパッセージには、このような歴史的名残もあって、一つ一つの音を減衰させて演奏するものが多くあります。また、一つ一つ音を減衰させながらはっきり音を並べることにより躍動感が生まれます。よくボールが弾むような音の並べ方というふうにも例えられますが、ただただ音を減衰させると思わずに、ボールが弾んでいるような動きを音楽に与えるようにイメージしてみましょう（音楽を立体的に表現しましょう）。このように動きのある、生き生きとした音楽、例えば行進曲や舞曲などにも、マルカートはとても効果的です。

●マルカート演奏で陥りやすいポイント

　一つ一つの音をはっきり吹こうとして起こりがちなことを挙げます。

①音ごとに口を閉じて減衰の形をつくってしまう

　「タン、タン」といった音のイメージで演奏してしまい、一つ一つの音の終わりのピッチがずり上がってしまいます。だからといって「タア、タア」ではまったくマルカートに聞こえません。音の処理（p.42）を意識しつつ、一つの息の流れの中で、一つ一つの音は口を閉じてではなく、息の圧力（スピードや量）の変化で音を減衰させ、音程も一定になるように気を付けましょう。

②フレーズ感が欠乏してしまう

　音が一つ一つブツブツ切れてつながりがなくなりがちです。ロングトーン同様、１本の息の流れを意識して、一つ一つの音をはっきり演奏してもフレーズ感のある、すてきな音楽を目指しましょう。

③タンギングが「ペン、ペン」のようにキツくなる

　タンギングで音の輪郭をはっきりさせようと思わず、立ち上がりのよい息が吐けるように、理想的なタンギングを忘れずに演奏しましょう。

④テンポが揺れる

　勢いがついてテンポがどんどん速くなったり、逆に一つ一つを意識し過ぎてテンポがどんどん遅くなったりしてしまうことがあります。やはりメトロノームを使って、テンポをしっかりキープできるようにしましょう。

●マルカートの練習方法

　テヌートとまったく同じような方法で練習します。メトロノームを♩＝60に設定し、ロングトーンのように、一つの音を真っすぐ伸ばすように息を真っすぐ吐き出しながら、4分音符をマルカートで8拍刻み、続けてその音を4拍もしくは8拍真っすぐ伸ばします。つまり、12拍もしくは16拍のロングトーンの前半8拍をマルカートで刻むといった練習方法です。

譜例8　4分音符をマルカートで8拍刻み、4拍または8拍延ばす

　注意点は、ロングトーンやタンギングの練習とまったく同じです。マルカートで演奏したときに陥りやすいポイントにも気を付けてください。慣れてきたら、今度は同じ方法で前半の8拍の刻みを8分音符のマルカートで行ってみましょう。

　同じ音ばかりではなく、出せる音域すべてで練習してください。8分音符にも慣れてきたら、前半の8拍のマルカートでの刻みを、8分音符の3連符や16分音符でも練習してみてください。すべてに慣れてきたら、少しテンポアップしたり、音階などでもマルカートを練習してみてください。

スタッカート

●音楽にメリハリを与える、スタッカート

アーティキュレーションの中で、意外に苦戦するのがスタッカートです。基本的には、1本の息の流れの中で、一つ一つの音を短く軽やかに演奏するので、軽やかな駆け足で走っているような音楽のときによく登場します。しかし、ときにはハンマーで打ちつけるような鋭い衝撃や、しゃっくりのような息が詰まった感じなど、音の短さや鋭さによる表現の幅は無限にあります。

●スタッカートのポイント

スタッカートは、言ってみればテヌートやマルカートの、音の始まり部分だけでできています。だから音の立ち上がりが肝心なのです。テヌートで息の流れやタンギング、音程のキープなどを確立してから、少しずつ音を短くして、マルカート→スタッカートと順に練習するのが望ましいです。

テヌートやマルカートとの大きな違いは、音が連続するときは発音後すぐに舌を歯の裏側に戻すところです。テヌートやマルカートは、音と音の間に真っすぐ保った音や減衰した音があるので、舌は次の音の立ち上がりまで引いたままです。一方、スタッカートは音と音の間に隙間をつくります。そのため発音後は素早く舌を歯の裏側に戻して、息の流れを止める必要があります。アンブシュアをキープして、息の圧はかけたまま、流れを舌で止めます。

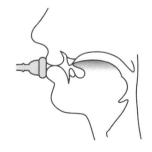

図11 「アンブシュアをキープして、息の圧はかけたまま、流れを舌で止め」た瞬間の口腔のようす

●スタッカート演奏で陥りやすいポイント

一つ一つの音を短く吹こうとして起こりがちなことを挙げます。

①タンギングだけになってしまって何の音だかわからなくなる

発音後、舌が歯の裏側からきちんと離れていなかったり、息の流れが続いていないと音がなくなってしまいます。スタッカートのたびに毎回息の流れを止めて電源を切ってしまったら、音を立ち上げるたびにパソコンを再起動するくらい非効率なことになり、その音を演奏するタイミングは過ぎ去ってしまいます。テヌートやマルカートと同様、反応のよい条件（息、タンギング、アンブシュアなど）をしっかり確立しましょう。

②テンポがどんどん速くなる

音と音の隙間の時間を待ちきれずに、次へ次へと進んでしまうからです。音を短くするというよりは、音と音の間に隙間をつくるんだと発想を切り換えましょう。ただし、これも行き過ぎるとテンポが重くなります。メトロノームを使って、テンポをきちんとコントロールできるように心掛けてください。

③音を大きくしようとすると、その音が長くなる

ダイナミックレンジは、アンブシュアの発達とともに成長します（「ダイナミクス」p.51参照）。アンブシュアが弱いと、台風にあおられて吹き飛ばされるような感じになり、音が長くなってしまうのです。

大きな音量でスタッカートを演奏するには、一瞬で息を多く通す必要があります。ふだんよりアパチュアを大きめに開いて、そのために落ちてしまう息のスピードを補うために、強めに吐き続け、アンブシュアでしっかりそのエネルギーを支えるのです。高い音でのスタッカートもまったく同じことがいえます。

小さな音も難しいです。一瞬のやさしい息では唇が反応しないことがあるからです。スタッカートの音量コントロールはなかなか高度です。

きほんの「ほ」

●スタッカートの練習方法

　テヌートやマルカートとまったく同じです。メトロノームを♩＝60に設定し、ロングトーンのように、一つの音を真っすぐ延ばすように、息を真っすぐ吐き出しながら、8分音符をスタッカートで8拍刻み、そのまま続けて4拍もしくは8拍その音を真っすぐ延ばす。つまり、12拍もしくは16拍のロングトーンの前半8拍をスタッカートで刻みます。

譜例9　4分音符をスタッカートで8拍刻み、4拍または8拍延ばす

　スタッカートは音と音の間に隙間をつくります。4分音符のスタッカートでは隙間が多くなってしまい息苦しいので、その場合は8分音符スタートが望ましいです。注意点は、ロングトーンやタンギングの練習と同じです。スタッカートで演奏したときに陥りやすいポイントにも気を付けてください。

　慣れてきたら、今度は同じ方法で前半の8拍の刻みを8分音符の3連符でやってみましょう。出せる音域すべてでこのように練習してください。8分音符の3連符にも慣れてきたら、前半の8拍のスタッカートでの刻みを、16分音符で練習してみてください。すべてに慣れてきたら、少しテンポアップしたり、音階などでもスタッカートを練習してみてください。

　始めは楽に出せてリラックスできる音量、*mp*くらいで練習します。音の長さもいきなり極端に短くせずに、確実に音が聴き取れて響きのある音色（これが最も重要！）であるように余裕のあるスタッカートで練習してください。

　十分な長さのあるスタッカートに慣れたら、応用編としてできるだけ短いスタッカートを練習しておくと、どんな状況にも対応できます。♩＝60の4分音符スタッカートは遅く、8分音符くらいの長さで間がもたないかもしれません。しかしスタッカートによって生まれる、次の音符までの隙間感を練習してほしいですね。隙間の間もリラックスした息を保つようにしましょう。

スケール（音階）

●基本的な調の性格

音楽にはいろいろな調性があります。20世紀に誕生した現代音楽には無調音楽もありますが、世の中のほとんどの楽曲には調があり、その調は曲の印象に多大な影響を与えています。

西洋音楽の代表的な調は長調と短調で12種類ずつ、全部で24種類あります。調にはそれぞれ意味があり、作曲家は曲に対する思いや性質に合った調で作曲します。各調の主な特徴（調色）はこのような感じです。

長調		短調	
C–major	純粋、安定	a–minor	悲しみ、女性的
G–major	快活、若々しさ	e–minor	悲痛、不安
D–major	祝祭的、歓喜	b♮–minor	不吉、辛抱
A–major	陽気、希望	f♯–minor	神秘的、緊張感
E–major	古風、高貴	c♯–minor	悲愴、嘆き
B♮–major	儀式的、誇り	g♯–minor	陰暗、抑圧
F♯–major	色彩、ロマン的	e♭–minor	絶望、恐怖
D♭–major	高尚、雄大	b♭–minor	葬送、不満
A♭–major	夢想的、抒情的	f–minor	悲惨、憂鬱
E♭–major	英雄、毅然	c–minor	悲劇的、苦悩
B♭–major	希望、柔和	g–minor	感傷的、憂愁
F–major	牧歌的、平和	d–minor	悲観、崇高

きほんの「ほ」

また、弦楽器は♯系、管楽器は♭系が安定して演奏できるとされているので、主体となる楽器によって調が決められることもあります。調から作曲者の意図や感情を読み取って感情移入すると、出したい音が変わってきます。それが内面的な演奏（輝かしく、悲しく、元気よく、重々しく、など）につながり、聴き手により深い感動を与えられるようになるでしょう。

　音階や和音に興味をもつことは、音楽性に大きな影響を与えます。調・音階・和音を理解すると音楽の流れや色合いが見えてきます。メロディーが和声的になり、伴奏も見通しよく、もっと楽しく演奏できるのです。

●スケールで音の住所を知ろう

　今自分が演奏している音は、何調のどの和音の第何音かわかって演奏していなければ、美しいハーモニーを奏でることはできません。旋律を演奏していても、何調か理解できていないとオンチなメロディーになったり、周囲から浮いた状態になってしまいます。自分の出している音一つ一つに存在意義をもたせて、説得力のある演奏をするためにも、常に自分の演奏している音はこの調のこの和音のこの音、といつも理解して（自宅の住所を何市、何区の何番地と理解するように）演奏するように心掛けましょう。そして、調を理解する（地図を正しく読む）のに最も効果的なのが音階練習です。

　調や音階の種類を理解するということは、毎日練習して身に付けるということを意味しています。「どこかに何かがあるらしいね」ではなく、「あの場所の行き方を知っています。なんなら目隠ししてでも行けますよ」というレベルになると、合奏がさらに楽しくなり、初見でもある程度の演奏がこなせるようになります。一度できるようになったからと練習していなければ、どんどん記憶が脳の奥に行ってできなくなってしまいます。できることを練習したうえで、できないことにもチャレンジするから進歩するのです。

●毎日の音階とアルペッジョ

　ぜひ毎日練習してほしいものを挙げておきます。

●全音音階（ホールトーン・スケール）

譜例10　全音音階（ホールトーン・スケール）

　全音音階は、その名のとおり、半音を間に挟まない、1オクターヴを6等分した音階です。ドビュッシーがパリの万国博覧会（1889年）で聴いた、インドネシアの音楽から思いついた音階で、ドビュッシー以降も多くの作曲家が使用しています。

●半音階（クロマティック・スケール）

譜例11　半音階（クロマティック・スケール）

　ドから1オクターヴの半音階、ド♯から1オクターヴの半音階、レから1オクターヴの半音階……の順で練習してみてください。スタートの音が変わると案外難しいはずです。慣れてしまえばなんていうことのない練習ですが、毎日の積み重ねが必要です。慣れてきたら2オクターヴの上り下りや、3連符でジグザグに上り下りしたりする練習を行ってください。半音階はいろいろな曲に登場するので、とても役に立ちます（譜例12）。

譜例12　ラヴェル：《ダフニスとクロエ》第2組曲より

●アルペッジョ（分散和音）

　アルペッジョとは、和音を構成する音を1音ずつ順に演奏することです。曲の中では、いつも音階のように隣同士の音が並んでいるわけではありませ

ん。調をもっと深く理解し、より柔軟に演奏できるようになるためにも、アルペッジョの練習が必要です。音階練習の最後や途中にアルペッジョを追加してみてください。主和音のアルペッジョ（ドミソド）だけでもかまいません。

　近代以前に使われていたナチュラル・トランペットの名残で、アルペッジョは曲の中では特にファンファーレ的な箇所に登場します。譜例13はトランペットの特徴的なパッセージ（楽曲中の短い一節）です。

譜例13　ロッシーニ：歌劇《ウィリアム・テル》序曲より

●そのほかの種類の音階

　近代の音楽やポップスなどではもっと複雑な音階も使われます。民族音楽には特徴のある音階がたくさんあります。こういった音階も知っておくと、いっそう音楽の幅が広がります。

譜例14　四七抜き音階、二六抜き音階、琉球音階（以上、日本の五音音階）とアラビア音階

コラム　音階を制するものは音楽を制す

　多くの世界的プレイヤーは、ほぼ毎日音階を練習しています。しかも、それだけでCDにできるくらいに、発音・音色・音型・流れ方、すべてがすてきなのです。

　彼らのように金管楽器は音だけで語れる魅力があることを、音階練習で実感できるようになると最高ですね！

ダイナミクス

●意外と難しいダイナミクス

音楽の表現で、聴き手に最も伝わりやすいのがダイナミクス（強弱）です。しかし、きちんとダイナミクスの変化をつけて演奏するのはなかなか大変です。

あなたには、こんな経験はありませんか？　チェックしてみましょう。

ここをCHECK!

- □ 自分では変化をつけているつもりでも、聴き手に伝わらない
- □ f だからと力任せに息を強く吐いて、音が荒れたり、かすれたり、違う音が出たり、ひどい音程になったり、唇を傷めたりする
- □ p だからと息の流れを殺して、力任せの f と同じようなトラブルが起きる
- □ 安定感や響きが後回しになって、曲の最後までスタミナがもたなかったり、聴き苦しい演奏になったりする

どれもよくあります。日頃から大きな音と小さな音を意識して、ダイナミックレンジ（音量の最小値と最大値の幅）を広げる努力をしましょう。

●音量とアンブシュア

息のスピードや量は自分の意思で変えられますが、それをしっかり安定させて楽器に吹き込むためには、ある程度強靭（きょうじん）なアンブシュアが必要です。ですから、ダイナミックレンジはアンブシュアの発達とともに成長します。逆にいえば、ダイナミックレンジを広げる練習は、アンブシュアを成長させることにもつながります。

マウスピース内の唇はリラックスしつつ、口の周りの筋肉でアンブシュアを支えます。「リラックス」と「しっかりした支え」のバランス感覚は、トランペットを演奏する上でとても重要です。

弱く演奏するのは息の安定感やアンブシュアの支えのバランスが難しく、

きほんの「ほ」

タンギングも曖昧になりがちです。弱く＝消滅ではなく、頭の中のイメージをしっかりともち、息をしっかり吐き続けて演奏しましょう。

　p（けっして弱々しい音や貧弱な音ではない）での練習はバランスが良くきめ細かな唇の振動が必要なため、アンブシュアに良い影響があります。日頃の基礎練習や教則本などの練習に、ぜひ取り入れましょう。

●ダイナミクスの練習方法

　ここでは12拍の例を挙げます。16拍にする場合は2小節目を倍の長さにして、時間をかけてデクレシェンドまたはクレシェンドします。

譜例15

　音量の幅を大げさにしたり、微妙だけど確実な変化にしたり、自分で決めてみましょう。高い音より低い音のほうが息をたくさん使うので、息のもちは音域で違います。そういった自分の癖を把握する練習にもなります。

　タンギング練習やスケール練習などでも、音量に変化をつけて練習してみましょう。実際の曲では、「力強く」「やさしく」「悲しく」「元気よく」のように、歌い方や表現の方向性を主に意識して演奏します。息の吐き方も多少は意識しますが、あまり細かくアンブシュアの支えや唇のリラックス具合、口の中の大きさなどを意識すると、音楽が後回しになってしまいます。そのあたりは練習中にしっかり意識して、本番では演奏に集中できるようにします。

　ダイナミクスの幅が狭い人は、そもそも幅広いダイナミクスをイメージする練習が必要です。面白い方法としては、何人かで一緒に同じフレーズを吹いて、隣の人より大きく、あるいは小さく吹く練習をするといいでしょう。

　どんなテクニックも、できることが多いほど表現力が広がります。ダイナミクスも、幅広い音量を日頃から練習して、いざ使いたいときに無理なく吹けるよう身に付けておきたいものです。

ダブル・タンギング
トリプル・タンギング

●タンギングの種類

タンギングは、リズムやフレーズ、テンポによって種類を変える必要があります。p.22で紹介した舌先を上歯の裏に「トゥー」と突いてタンギングする方法をシングル・タンギング（以下、シングル）といいますが、その速さには限界があります。テンポが速い中でスラーがついていない細かなリズムを演奏する場合は、譜例4のダブル・タンギング（以下、ダブル）、もしくは3連符系のリズム（6連符、9連符など3の倍数）であれば譜例5のトリプル・タンギング（以下、トリプル）に切り替える必要があります。

●ダブル・タンギング

譜例16　リムスキー゠コルサコフ：《シェエラザード》第4楽章

●トリプル・タンギング

譜例17　ラヴェル：道化師の朝の歌

●フラッター・タンギング

作品によっては打楽器のトレモロのような記譜が出てきます。これは巻き舌を使うフラッター・タンギング（以下、フラッター）で演奏します。

譜例18　レスピーギ：交響詩《ローマの祭り》主顕祭より

　フラッターは頻繁には登場しませんが、息が真っすぐ吐けないとできません。喉や舌などの力を取る練習にもなるので、たまに気楽にやってみてください。コツは最初にシングルと同じ「トゥー」の発音をした直後に、巻き舌でフラッターを行うのがいいでしょう。巻き舌には勢いよくしっかりと息をぶつけ続けます。その際、口の中の容積が大きくなり過ぎたり、息の吐き方が広がってしまうと、違う音程になったり、息の流れが悪くなったりします。ロングトーンの息の吐き方を思い出しながら練習してください。

　たまにフラッターのように見えて、よく見てみると連鉤（音符のケタ）が一つや二つの場合があります。これは、それぞれ8分音符や16分音符を略した記譜の方法ですのでご注意を（譜例19）。

譜例19　フラッターとまぎらわしい記譜に注意

●ダブル・タンギング、トリプル・タンギングの舌の動き

　ダブルやトリプルは、シングル（トゥーの発音）の次または間に、舌先ではなく、舌の腹の部分を持ち上げて（下顎ではなく舌自身の動きにより）上顎に当てて発音します。シングルの「トゥー（tu）」に対して「クゥー（ku）」といった発音です。舌先でのタンギングと異なるので、連動させて素早く動くことができます。

　「トゥー」や「クゥー」は、舌を突いたときではなく「舌を引いたときに出てくる息の音」です。「クゥー」は舌の腹部分で、しかも口内の少し奥なので「トゥー」よりも弱い発音になりやすく、音の立ち上がりがボヤけてしまいがちです。力まずに、でもしっかりと発音するように心掛けてください。

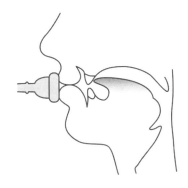
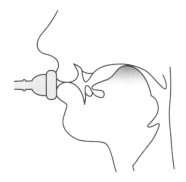

図12　シングルのときの舌先の発音　　　ダブルやトリプルは舌の腹を上顎に当てて発音

ただし、実際に音をつくるのは発音の直後に流れ出る息です。真っすぐな息の流れを絶対にお忘れなく！

●まずはトリプル・タンギングから

練習はトリプルから始めましょう。理由は３つあります。

①息の吐き方はダブルよりトリプルのほうがやや楽

　トリプルは「トゥートゥークゥー（tu tu ku）」か「トゥークゥートゥー（tu ku tu）」と発音し、どちらも３回のうち２回はシングルである。つまり、トリプルはダブル「トゥークゥートゥークゥー（tu ku tu ku）」よりも「クゥー（ku）」の回数が少ないので、息の流れを安定させやすい。

②舌の動きはトリプルのほうがやや複雑

　しかし、トリプルを練習すれば比較的簡単なダブルにも応用できる。

③トリプルの練習でシングルの感覚を再確認することができる。

　「クゥー」の発音をきちんと行うためには、舌先がシングルでの正しい位置（前方、上の歯の付け根や裏あたり）を向いていなければならない。

●ダブル・タンギング、トリプル・タンギング練習のポイント

①シングルでも十分間に合うような速さで、注意点を一つずつ確認しながら練習する

　確実に「できる」ことを何度も繰り返して発展させていくことで技術は

上達するため、ある日突然、魔法にかかったようにできるようにはならない。早口言葉をゆっくりから練習するように、まずは間違えず確実に演奏できるテンポで練習を始める。

②シングルとトリプルまたはダブルで交互に同じ曲を練習する

うまく息の流れがつかめない人は、この練習で息の流れ・音の並びが確認しやすくなる。

③息は流れているが音がつながってしまう人は「クゥー」の発音ができていないのが原因

いったんトランペットを置いて、口で「クゥークゥークゥー……」と発音する。「ウゥーウゥー」や「ユゥーユゥー」になっていたら、息は流れているけれど舌の腹を上顎にきちんと突けていない証拠。極端に強く、べったりと広い面積で突く必要はないが、しっかりと発音する。

④「トゥー」の後に舌全体が落ちると「トゥーフゥー」になる

「トゥー」と「クゥー」のセットで舌を動かせるようにする。

ダブルもトリプルも舌の動く感覚だけではうまくいきません。しっかり頭でテンポとリズムを理解して、確実に舌を動かして演奏しましょう。そのためにも以下のことを忘れずにきちんと練習してください。

- ▶ 必ず**メトロノーム**を使う
- ▶ しっかりブレスを取る
- ▶ 真っすぐな息を吐き出す
- ▶ 正しく確実な**タンギング**で
- ▶ その音楽をしっかりと**頭の中**で歌う

ピッチのコントロール

●音感を育てる

　音感もトレーニングを重ねると向上します。トランペットはある程度決められた音程の中でムラが出る楽器なので、上下10〜15セント差くらいまでの音程がわかるくらいの音感を身に付けてほしいと思います（1セントは平均律の半音の100分の1）。音感が育つと、それが道しるべとなって、音が当たる確率がぐっと高まります。

　ここでも大事なのは音色です。音程が正しくても、響きが悪いとハーモニーにはなりません。豊かな音色で正しい音程を目指しましょう。

●自分の音程の癖を知ろう

　トランペットは楽器の構造上、音程が高めになる音、低めになる音があります。だいたい以下のようになります。

譜例20　トランペットには高めになる音、低めになる音がある

　もちろん楽器メーカーや個人の癖によって異なるので、必ずしもこのとおりではありません。楽器の癖と自分自身の癖を、チューナーで把握しておくことをおすすめします。ロングトーンや基礎練習などでチューナーを使って、ど真ん中でなくても上下15セントまではOKとして確認しましょう。

　楽に息が吐ける吹き方で主管（チューニング・スライド）のセッティングを確かめてから、すべての音程をチェックします。低くなる音が多い場合は、主管を少し入れて、高くなる音を抜き差し管（第1、第3スライド）で調整

するようにしましょう。音程と抜き具合の関係は耳で判断します。

　響きを犠牲にしないために、唇で無理やり修正しないこと。高めに上ずったままで演奏しているとバテやすくなり、音色も細くなってしまいます。

●抜き差し管

　抜き差し管のトリガーを抜くタイミングは、右手のピストンを押すのと同時が基本です。16分音符など、速いときは間に合わないので基本的には抜きません。抜いた管は、次の音で必要がなければ戻さずに抜いたままでも大丈夫です。前後の流れに合わせて過不足ない動きを判断しましょう。例えば、ハイドンの《トランペット協奏曲》第1楽章に出てくるこのフレーズ。

譜例21　ハイドン：《トランペット協奏曲》第1楽章
本来はE♭管のための作品だが、ここでは説明のためにB管に移調している

が高くなるので、この場合は休符の間に第3スライドを抜いておき、また休符に入ってから戻せば、音に影響を与えるような無駄な動きがなくてすみます。

　1番スライドは、3番とセットで使ったりします。例えば1番と3番、もしくは全部のピストンを押したとき、3番を2cm、または1番と3番を1cmずつ、または1番を2cm抜く。これらはすべて同じだけ音程を下げたことになるので前後の流れで判断しましょう。高い音域ではすべての音が高くなる傾向にあるので、スライドを抜きっぱなしの場合もあります。

●替え指の効用は？

　音程は運指でも変えられます。が、替え指がある音は限られているうえに、替え指を使うと管長が変わって、場合によって音色がこもってしまうことがあります。特にその効果を必要としない場合、B♭管なら基本の運指で十分対応できます。

ヴィブラート

●ヴィブラートをかけない美学

　ヴィブラートをかければ必ず上手に聞こえるでしょうか？　私はそうは思いません。トランペットにはヴィブラートをかけない美学が存在します。

　トランペットはもともと大きな音が出せる楽器なので、ヴァイオリンのようにより豊かに響かせる目的でヴィブラートをかける必要はありませんでした。よって、オーケストラなどクラシックのトランペットはヴィブラートをかけずに演奏する伝統が今も受け継がれています。それによって高貴で格調高く、宗教的で厳かな印象を与えられるのです。華やかで輝かしい音色を生かすため、ということもあります。しかし、楽器の発展とともに音楽のジャンルもどんどん増えて、トランペットでも声楽的な、もしくはヴァイオリンのような表現の幅が広がって、ヴィブラートをかけるようになりました。

　ヴィブラートをかけるかかけないかは、最終的には国ごとのスタイルや奏者の判断で決まります。例えば、前ページでも紹介したハイドンの協奏曲の演奏をいくつか聴いてみてください。ノン・ヴィブラートスタイルならウィーン・フィルの首席奏者ハンス・ペーター・シュー、ヴィブラートスタイルならアメリカのフィリップ・スミス、その中間的なノルウェーのオーレ・エドワルド・アントンセンなど、どれも違って、どれも素晴らしい。それぞれの美学が感じられます。肝心なのは「歌心」です。ヴィブラートをうんぬんする以前に、いつも歌うように演奏することを心掛けてください。

●ヴィブラートをかけないとき、かけるとき

●ヴィブラートをかけないとき、とは？

　▶素朴さや自然体を表現するとき
　▶スタッカートで軽やかに演奏するときや、音が減衰していくとき

▶ハーモニーをつくるとき
▶トランペット特有の輝かしい音やハリのある音を必要とするとき
▶厳かな音楽や威圧的な音楽のとき

● ヴィブラートをかけるとき、とは?
▶歌い込むような感情的なシーンなどで心に訴えかけるとき
▶音色感をふんわりして、甘くせつない音、哀愁を帯びた音、官能的な音のように、表現により表情を与えたいとき

ヴィブラートは揺れ幅やスピードで印象が大きく変化します。音をやみくもに揺らしても、超音波かUFOの浮遊音のようになるだけです。音楽に合ったヴィブラートを考えて、場違いな演奏にならないように気を付けましょう。

●ヴィブラートのかけ方

①アンブシュアもしくは下顎を微妙に動かす

最も一般的です。リップ・スラーを高速で行うリップ・トリルの要領と同様に、アンブシュアもしくは下顎を使って、上の倍音に音が変わらない程度に緩く音を揺らします。「ワウワウワウワウ」と口を動かす感じです。この方法は唇の柔軟体操にもなります。吹きっぱなしで唇がうっ血しそうなときに血流を促し、ちょっとリフレッシュできるので、練習にも取り入れるといいでしょう。

②右手の小指を支点にして楽器を前後に軽く揺らす

強めにヴィブラートがかかります。ジャズやポップスに向いていて、クラシックには不向きです。

③息のスピードや量を細かく変化させる

息に安定感がなくなる可能性があるので、あまりお勧めできません。

ミュート

●ミュートも楽器の一部

　トランペットの演奏でミュートがよく使われるようになったのは、ドビュッシーが活躍した時代からです。以前は「弱音器」という認識だったようですが、今は音色を変化させるために、音楽の場面に合わせて使われます。

　クラシックの場合は音色が勝負なので、プロの演奏家はストレート・ミュートだけでも何種類も持っています。なんでもいいやと思わずに、曲に合わせてミュートの音色感を追求することが大切です。

　材質は金属（アルミ、ブラス、コパー）、カーボン、木が基本です。セクションで合わせる場合は、同じ材質でないと音色が揃いにくいので気を付けましょう。

●ミュートのつけ方

　ミュートにまつわる失敗はよくあります。特に、床に落としてしまうとミュートも気持ちもへこむので、しっかりとベルに入れましょう。軽く当てるだけとしっかり入れるのでは音色も変わります。しっかり入れることで楽器から落ちることも防げます。

　コルクは消耗品です。使っているうちにつぶれてきて外れやすくなりがちです。その場合はコルクを付け替えましょう。

●ミュートを使うときの吹き方

　ミュートをつけると息の抵抗感が強まり、体が萎縮してしまうことがあります。ミュートをつけていないときと同じように、息の流れを意識して響きを聴きながら演奏しましょう。ストレスなく演奏することが大事です。

　また、楽譜に p と書いてあっても、ミュートだと少し大きめに吹いてもよい場合があります。全体をよく聴いてバランスを取りましょう。

●種類別の特徴

●ストレートミュート

主に音程は高くなります。金属は反応がよいので、大きな音が必要な場合は金属を選びます。吹奏楽の場合、たいていは金属ミュートでOKでしょう。オーケストラだと弦楽器もいるので、すごく弱い音が要求される場合はカーボンや木のミュートを使います。

写真13 いろいろなストレートミュート

写真14 フェルトや緩衝材で音色を調整できる

●カップミュート

カップとベルの距離によって音色が変わります。カップは動かせるものと、動かせないものがあります。

カップを動かせるものは、曲に合わせて調整できるので便利です。金属製がほとんどですが、必要に応じて中にフェルトを巻くなどして音色を調整するといいでしょう。

カップを動かせないものはカーボン素材が多く、よりカップらしい音色が出ます。ただし、ベルとの距離はコルクを削って調整するしかありません。音程は低くなることもあります。

写真15　カップから離し気味のセッティング

写真16　カップをベルに近づけたセッティング

● ハーマンミュート

　基本的に音程は高くなります。手が届かない人のために小さいサイズもあります。自分の手の長さに合ったものを選びましょう。

写真17　ハーマンミュートを閉じているとき

写真19　開けるときは思い切って手を開く

写真18　ハーマンミュートを開けたとき

その⑫

音域の拡大

●息の圧力と唇の柔軟性

上にも下にも、広い音域を得るために重要なことは何でしょうか？ 答えは、息の圧力を調整することと、唇の柔軟性です。高い音のためにしっかりブレスをとって圧の高い息を吐くのはもちろんのこと、その圧に耐えられるアンブシュアと、強く閉じた唇でも振動をつくることのできる唇の柔軟性もポイントです。

まず息がうまく吸えているか確かめましょう。しっかり息を吸えないと音が並べられないのは、低い音でも同じです。空気をためるタンクである肺に十分な息がないと、長いフレーズやよい音は実現できません。

唇の柔軟性としっかりブレスを取るという点では、高い音も低い音も同じです。ですから、将来的に高い音を吹くためには、安定して低い音もしっかり吹けることが大事です。高い音を制するには、低い音から攻略していきましょう。

●ペダルトーン

トランペットの低い音は、がんばれば の1オクターヴ下まで出ます。そこまで低い音は、実際の曲ではあまりお目にかかりませんが、下のファなら出てきます。

譜例22 下第2加線ファ♯の　譜例23 下第3加線のファ
　　　　1オクターヴ下

正直に言うと、低い音のほうが高い音よりは出るようになりやすいです。ただし、よい音で吹くのは大変なので甘く見ないように！

低い音を出すには柔らかい唇が必要なので、ウォーミングアップに取り入れるといい練習になります。低音を出すためのペダルトーン練習を行いましょう。次のように半音ずつ２音セットで下がっていきます。

譜例24　ペダルトーン練習

●ハイトーン

　あなたにとって「高い音」はどこから上ですか？　楽器を始めたばかりならチューニングの　だって「高い音」かもしれません。誰でも、どんな高さの音でも、出せないと思ってしまったら永遠に出ません。まずは出る！と思って、ちゃんと技術を身に付けましょう。

　練習するときは、いきなり高い音を目指さないことです。１週間に半音でも１音でも獲得していけば、音域は確実に広がります。近道はないのです。

　高音は、口を閉じて中を狭くしているのに息を出すという、矛盾した状態から生まれます。その中でいかに息の流れをつくっていくか試行錯誤してください。コツは、息の塊をつくることです。

　息の吐き方を習得するために、最初はスラーで練習します。譜例25はチューニングの　からになっていますが、自分が余裕をもって吹ける高さの音に合わせて始めましょう。音型はこのようなものがいいでしょう。裏声のように細くならず、表声（地声）で歌うイメージが大事です。

譜例25　ハイトーン練習

　それから、トランペットは体との相談が必要な楽器です。寝不足や、おなかがすいているときに練習してもうまくいかず、かえって落ち込みます。なるべく健康体で、元気があふれていて、気持ちが乗っているときに練習するのがいちばんです。いいコンディションをつくるのも練習のうちです！

ウォーミングアップと基礎練習

●ウォーミングアップは準備運動

　ウォーミングアップは体を温めるのが目的です。練習や本番に向けて体に無理をさせず、最高の状態でパフォーマンスできるように、事前に行う準備運動のようなものです。

　トランペットは肺を動かす筋肉や口の周りの筋肉をアスリート並みに駆使して音を出しているので、それらの筋肉を温める準備運動は欠かせません。

　体が温まると脳の働きも活発になり、体が素早く対応できるようになります。血液内の酸素が体の隅々にまで行き渡り、毛細血管が多い唇やその周りの筋肉の動きに持久力をもたらします。

　毎日同じコンディションを保ち、体の疲労を自分自身で診断するためにも、ウォーミングアップは有効です。

●ウォーミングアップと基礎練習は区別する

　ここで確認したいのは、ウォーミングアップと基礎練習は違う、ということです。体を温めるために行うのがウォーミングアップで、技術の上達や、よりよい音楽性の探求のために行うのが基礎練習です。

　ウォーミングアップは、その日のコンディションによって、かかる時間も内容も変わります。短く済めば、ほかのことに時間をかけることができます。

　基礎練習は、自身のスキルアップのために絶対欠かせない練習で、時間と余力があれば常に行うべきものです。

　筋肉は多少キツめのトレーニングを行わないと鍛えられません。リップ・スラーやタンギングの練習は、基礎練習として毎日しっかり行ってください。

　ウォーミングアップでからだを温めて、軽く基礎練習を行い、体力があるうちにほどよく休憩を挟みながら実際に演奏する曲など、目の前にある課題を演奏し、余力があればさらに基礎練習を行うと、より効果が上がります。

その14 1日10分のデイリートレーニング

付録のデイリートレーニング・シートの使い方を紹介します。

●基本の吹き方

常によい音で吹きましょう！　楽譜には、ダイナミクスの指示をしていません。基準は「よい音で出せる音量」です。大き過ぎず、小さ過ぎず、演奏できるテンポで。メトロノームは必ず使いましょう。

ブレスの場所まで一息でいかなくてもOKです。最初からすべて吹けなくても大丈夫。できるところを少しずつ増やしていきましょう。

譜例26　ブレスの取り方

こんなふうに、基礎を身に付けるための練習では、途中で止まってもかまいません。大事なのは、きちんと音が並べられること、それがすてきであること。これを忘れないでください。

●ヴァリエーション

この楽譜は素材だと思ってください。慣れてきたら、より長く、より高く、より速く。パターンを自由に組み合わせて圧縮すれば時間短縮にもなります。アーティキュレーション、スラーも自由です。例えば、一つの流れを

- シングル＋トリプル＋ダブル＋延ばし（ロングトーン）
- シングル＋リップ・スラー
- 長音階＋長3和音アルペッジョ
- 短音階＋短3和音アルペッジョ

などなど。毎日工夫して楽しんで練習しましょう。

基礎練習のポイント

基礎練習を進める上での大事なポイントを3つ挙げます。

●メトロノームを使う真の目標

メトロノームで指定したテンポどおり正しく演奏できるなら、そのテンポ内にあるすべてのリズムを理解できているはずです。

テンポをキープできるということは、そのテンポ内に起こり得ることや、その次へのテンポ変化にも柔軟に対応できる余裕がある、ということです。求められる音楽の状況に、自在に合わせられるようになって初めて、体内メトロノームがちゃんと育ってきた、と言えるのです。メトロノームを使うことを甘く見てはいけませんよ。

●トランペットで"歌う"ことの効果

上手に演奏するためには、正しいリズム、美しい音色、音楽的なフレーズなど、同時に多くのことを意識しなければなりません。

それらすべてをまとめて練習できる方法が、"歌う"ということです。ブレスをとって音を出した瞬間から音楽がスタートします。音楽に集中するためにも、基礎練習をメトロノームとともにしっかり行い、自分の"歌う"音楽をどんどん楽しく成長させてください。

●常に考えて練習する!

気合や集中力も大事ですが、常に冷静な自己分析力を持って、問題の改善や問題の回避ができる能力を身に付けると、より安定して演奏できるようになります。ただやみくもにトライしても効果は出ません。前向きにトライして、何度やってもうまく行かないなら、やり方を考えましょう。ハイトーンでもなんでも、正しい方法で練習すれば、誰でも絶対うまくいきます!

きほんの「ん」
奏法から表現へ

Trumpet

アンサンブルの心得

●基礎能力を高める

　アンサンブルには約束事や決まり事が発生します。まず、みんなで合わせる前に、一人一人が責任をもって自分の役割を果たすための準備をしておく必要があります。具体的には、いろいろなことに柔軟に対応できるよう、ふだんからできる限り基礎能力を高める努力をしておかなければなりません。

●譜読みをしっかりする

　演奏する曲のことを予習し、きちんと譜読みをしておくことも大事です。これは周りに迷惑を掛けないためというより、自分のためにすべきなのです。譜読みをすることで、自分の役割が明確になり、ほかのパートの役割や音も頭に入っているので、より演奏に集中でき、アンサンブルしやすくなります。そうなれば、演奏に対する緊張を忘れるほどの集中力を得られます。そうやって生まれた迫真の演奏は聴衆を魅了し、高く評価されることでしょう。

●曲における役割と吹き方

●トランペットが主役のとき

　自分もしくは自分たちはどのような音色で、どのように音符を扱い、その箇所の雰囲気づくりをすべきか。旋律を演奏する箇所では、主役としてよく考えて、責任ある演奏を心掛けましょう。

●トランペットが脇役のとき

　雰囲気づくりの方向性は主役が表現してくれます。主役が演奏しやすいよう音色感やリズム感を合わせてサポートし、音楽の土台をつくりましょう。

　それでは、実際にどのようなことに気を付けながらアンサンブルをすべきか、ハーモニーとリズムに分けて考えてみましょう。

ハーモニー

●音感を研ぎ澄ます

　トランペットは、1st、2nd、3rd、ときには4th、5th……と、いくつかに分かれて基本的には違う音を受けもち、ハーモニーで演奏することが多いパートです。すべてのパートに意味があり、大切な役割があります。一人一人が責任をもって役割を果たすことが、アンサンブルや合奏の理想です。

　そのためにまずやっておくことが、個人練習です。一人一人が日頃から高い演奏技術を目指し、楽曲についても周到に用意して合奏に臨みましょう。

　欠かせないことの一つが、自分の音程感の癖を把握しておくことです。自信がない人は「ピッチのコントロール」（p.57）をもう一度読みましょう。個々の音程感が高まれば初めからすっきりとしたハーモニーがつくれるので、曲の音楽的進行を最初の合奏から感じ取れて、楽しさ・喜びも倍増します。

　自分自身の音感と一緒に、アンサンブル中の相対的な音感も高めることが必要です。私はハーモニーを感じる耳、音感を、経験を重ねて研ぎ澄ませてきました。自分が演奏していないときでも、音楽を聴くと音感が働きます。音楽脳になって、感覚の単位を繊細にしていきましょう。

●和音の基本

　ハーモニーをつくる基本は、和音を知ることです。ほとんどの曲は主和音で始まり、主和音で終わります。主和音はその調の基礎となる和音で、和声学ではトニカ（トニック）とも呼びます。長調の主和音はその調の「ド・ミ・ソ」の3音で構成され、短調の主和音は「ド・ミ♭・ソ」の3音で構成されます。3つの音で成り立つ和音を3和音といい、主和音もこれに当てはまります。いちばん下の「ド」を根音、「ミ（ミ♭）」を第3音、「ソ」を第5音と言います。根音からドレミ……と数えて、何個目の音かという呼び名です。

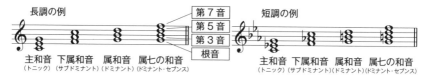

譜例27　長調と短調の例

　「ファ・ラ（ラ♭）・ド」の３和音は下属和音やサブドミナントと言い、根音は「ファ」ですね。「ソ・シ・レ」の３和音（この和音は短調でもシが♮になるので長調と同じ和音）は属和音やドミナントと言い、主和音に解決する働きがあります。そのエネルギーを強めるために第７音を加えて「ソ・シ・レ・ファ」（属七の和音といいます）になって、より不安定（早く主和音になりたい）になっているケースが多いです。古典音楽ではさらに不安定にするために、旋律にはトリルをつけたりします。基本的にドミナントはフレーズの最後あたりに存在し、次にくるトニックでフレーズが解決します。ドミナントに向かって音楽は進み、フレーズが生まれます。

●和音探しをしよう

　トランペット・パートの和音は、基本位置よりも「ミ・ソ・ド」など順番を入れ替えた転回位置のほうがよく見られるので、いちばん下のパートが根音とは限りません。しかも、４和音またはそれ以上なのにパートが３つしかない場合は、構成音のどれかが省かれています。例えば、1stがファ、2ndがレ、3rdがシだった場合、「シ・レ・ファ」の３和音のように見えますが「ソ・シ・レ・ファ」のドミナントの根音抜きかもしれません。

譜例28　和音の基本位置と転回位置　　**譜例29　隠れた構成音**

　美しいハーモニーを目指すには、このように和音探しから始めます。一生懸命音楽の勉強をすれば、周囲の音を聴きながら演奏しているだけで即座に和音が判断できるようになります。まずはスコアを見て確認しましょう。

●ピアノは平均律、管弦楽器は純正律

ピアノは平均律と言って、1オクターヴ内を均等に12の半音に分割して調律します。それに対して、管弦楽器は音程の微調整ができます。純正律という自然倍音の周波数の比率による音階で、平均律に比べて自然で、より澄み切ったハーモニーをつくり出します。

●純正律による長3和音のつくり方

長3和音（ド・ミ・ソ、ファ・ラ・ド、ソ・シ・レのようなメジャーコード、明るいハーモニー）は、第5音を平均律（チューナーのど真ん中）より約2セント高くし、第3音を平均律より約14セント低くします。

●純正律による短3和音のつくり方

短3和音（レ・ファ・ラ、ミ・ソ・シ、ラ・ド・ミのようなマイナーコード、暗いハーモニー）の場合は、第5音を平均律より約2セント高くし、第3音も平均律より約16セント高くします。

最近のチューナーは、純正律に対応して14セント下や16セント上に目印があるものが多くなりました。ただし、チューナーの数値はあくまで物理的な目安です。根音と第5音の響きができれば、第3音は自然と音程を取ることができます。よく聴いて、感覚的に響きをつかむ習慣をつけることが大切です。

そして音量は、

根音を強く　＞　5度をその上に乗せる　＞　3度は少し弱く

という関係でバランスを取りましょう。

では4和音の場合はどうでしょうか？　純正律では第7音を少し低めにしますが、不安定感を演出する和音なので、その次に解決するトニカさえ美しければドミナントは生きてきます。5和音以上になると、古典派の音楽では不協和音として扱われます。第9音以上の音程にはあまり神経質になる必要はないでしょう。

リズム

●リズム感をみんなで共有する

　ハーモニーと同じように、アンサンブルでのリズムも個々の能力の高さや準備が大きく影響します。リズムとは、時間をどのような間隔で刻むかということです。曲の雰囲気は拍子やテンポだけでなく、リズムの違いによってもずいぶん変わりますし、同じリズムでも、取り方で印象が変わります。楽譜に書かれた音符を、正確なタイミングで音にする。それだけですが、個性が出て面白いところでもあります。

　みんなで一糸乱れぬアンサンブルを繰り広げるためには、みんなと共有できるテンポ感とリズム感が必要です。合わせ練習にたくさん時間をかけるのも一つの方法ですが、個々がメトロノームを使ってしっかり譜読みを行い、正しく時間的にピッタリなリズムで演奏できるようになっていれば、初めて合わせるときからそれなりにピッタリいきます。

●メトロノームを使うコツ

　メトロノームを使ってどのように練習すべきでしょうか？　実際のテンポよりゆっくりと、細かい拍取りでメトロノームを鳴らして練習するのがコツです。例えば4/4拍子の場合は、8分音符の速さでメトロノームを鳴らして8/8拍子にするわけです。♩=60で16分音符を4つ演奏するのは、♩=120で8分音符を演奏するのと同じです。これによって、時計のように正確で厳密なリズムを覚えることができます。

　ゆっくり練習することによって、息の流れを確認しながらすべての音に響きがある音で吹くことができます。メトロノームの音をよく聴くこともできます。アンサンブルするみんなが、いつもこのように練習してしっかりテンポを捉えていると、限定された正確なタイミングでそろえることができます。

　演奏する前に楽譜のリズムをしっかり理解して、細かい拍取りのメトロノー

ムとともに、声でリズムだけ歌ってみましょう。そして実際演奏するときは、口先だけでリズムを吹き分けるような息の吐き方にならないように。しっかりブレスを取って真っすぐ息を吐き出して音を並べましょう。

個々の練習でメトロノームを使うと、メトロノームの音も聴くので、自分のリズムが正確になるうえ、周りの音を聴く訓練にもなります。アンサンブル能力がこうして少しずつアップします。

●ブレスをそろえる!

個々で十分に用意したら、今度はみんなで合わせましょう。まず、最初のブレスをそろえます。これから演奏する音楽のテンポをイメージしながら、そのテンポの中でブレスをそろえます。そうすれば必然的に音の立ち上がりもそろいます。そして、可能であれば息を吸うスピード感やおおよその量もそろえると、みんな同じような音色感や音量になると思います。

よく、どんな曲でもいつも1拍前でブレスする人を見かけますが、テンポによっては十分な息が取れないと思います。多くの一流奏者は、このようなブレスをしていません。短い音を鋭く吹いたり、軽快な音楽のときくらいです。たいていは、これから演奏する息の吐き方を何倍速かで逆戻しているかのようなブレス（2～3拍かけて吸う）で取っています。いつも同じアプローチではなく、曲の雰囲気やテンポに合わせて、ブレスの取り方を変えてみましょう。きっとそのほうがブレスもそろえやすいと思います。

譜例30　リヒャルト・シュトラウス：交響詩《ツァラトゥストラはこう語った》冒頭
十分な時間をかけてブレスするとアンサンブルもそろえやすくなる

●リズムがずれる原因は個人の温度差

高い音から始まるときや弱い音から始まるときは、2～3拍かけて吸うブレスが特に効果的です。なぜなら、瞬間的にブレスをしっかりするには、口

や喉を大きく開いていないといけないので、口（喉）をより閉じて演奏する高い音や小さな音とのギャップが大きくなり、難易度が上がってしまうからです。2〜3拍かければ、口や喉をあまり開かなくても十分息が取れます。また、裏拍からスタートする曲でテンポが速い場合は、その音の1.5拍前（音がある拍の前拍）でブレスを取ってそろえるのがいいでしょう。

　また、細かい音符を演奏する人はテンポが遅くなりがちで、ゆったりした音符を演奏する人は、テンポが速くなりがちです。また、このリズムは大変だ！　難しい！　と思うと、あせって速くなることもあるでしょう。この個人的な温度差がずれる原因になります。リズムがほかの人と違うときは、お互いの感じ方をつかんでおきましょう。

　このようなことも考慮し、みんなでブレスをそろえて吹き始め、そこから先は各自メトロノームを使った練習で習得した正確なリズムをもとによく聴き合い、体の動きなどを見ながらフレーズ感を合わせていくのが理想的です。合わせようと思うばかりに、1拍ずつ音を置いていくような演奏になってしまっては、たとえリズムがそろったとしてもできあがった音楽はみすぼらしくなってしまいます。

　音の長さと扱い方は曲の数だけ無数にあります。個々が正確なリズムをしっかり把握し、習得しておかないと、微妙なリズムの扱い方に対応できません。
　譜面上は同じリズムでも、トランペットが登場する場面やテンポ、作曲者の意図によってまったく違った形にもなります。パートで集まって練習するときにはディスカッションして、リズムをどう扱うか（鋭いのか、柔らかいのかなど）統一して雰囲気を共有し、その方向性でしっかり合わせられるようにします。曲の始めからブレスを共有して、音を切るまでがアンサンブルです。何かおかしいな、と思ったら、リズムだけを合わせようとせず、前後の音楽の流れを共有できているか確認しましょう。

本番に向けた練習計画

●目標から練習計画を立てる

　毎日３時間以上、できるだけ広い空間（もちろん室内）で伸び伸び練習できれば、めきめき上達するはずですが、なかなかそうもいきません。でも毎日適当に練習するよりは、その日、その場所、その状況などに合わせた練習の献立を考えて過ごせば、より早く自分の目標に近づけます。

　目標には２種類あります。一つは、数日後や数週間後、数か月後に、コンサート、コンクール、発表会など、期限付きでゴールがある目標。もう一つはゴールがない目標、つまり基礎能力の向上です。期限付きのゴールがある目標の練習とは別に、基礎練習を毎日行いましょう。

　ゴールに向けて、どのくらいのクオリティーを目指すかを考えたうえで、一日一回の練習時間の配分や内容などを計画しましょう。もしその本番で、ひどい緊張のあまり不本意な演奏に終わるような結果を避けたいのであれば、本番当日にギリギリ間に合わせるような練習計画を立てずに、できる限り早い段階で完成させる計画を立てるとよいと思います。

　「早く完成させると飽きてしまう」という人は、向上心が足りません。完成させて初めて見える、さらなる理想があるのです。高い山だと思って登り始め、やっと頂上にたどりついたと思ったら、周りにもっと高い山がたくさんあった。トランペットや音楽の世界とはそういうものです。

　より質の高いパフォーマンスのために、また、本番で演奏に集中するために、あせる必要はありませんが、早め早めに準備しましょう。

●実際の練習計画の立て方

●練習時間がたくさん確保できる場合

　疲れる前に休憩を取る！　これが鉄則です。最初に１時間、２時間ぶっ通しで練習してしまうとバテてしまい、あとは充実した練習ができなくなっ

てしまいます。熱が入ってくるとなかなか中断できなくなりますが、練習内容に関係なく時間で区切って（例えば30分練習したら必ず10分休む、という具合に）練習を行うのもよいと思います。

　また、1回休むと今度は次の練習開始が面倒になり、ズルズルと休み過ぎてしまいます。休憩もしっかり時間を決めておきましょう。

　練習内容の順番は、ウォーミングアップ→期限付き目標（曲）→無期限目標（演奏技術向上のための基礎練習）が効率的です。

●練習時間が少ししかとれない場合

　極端に少ない（30分未満）場合は、時間内に凝縮して練習するため、ウォーミングアップを兼ねた基礎練習から始めます。

　そして後半に期限付き目標を練習しますが、毎回、曲の最初から始めるのではなく、曲全体を見渡し「難しいところランキング」を自分で付けて、その上位の箇所を重点的に毎日練習し、残りの時間でそれ以外を練習するという方法が、効率よくその曲を仕上げることにつながります。

●本番当日の練習方法

　本番でベストパフォーマンスをするために、本番前は唇、体、脳を使い過ぎずにしっかり温存しましょう。

　アスリートが試合前、ウォーミングアップをして軽く体を温めるように、私たちもウォーミングアップを行い、演奏する態勢を整えます。本番後は……まだ元気があるのであれば、好きなだけ練習してもかまわないと思います。ただ、翌日も本番の場合は、疲れが残らない程度にしましょう。

　疲れると音が外れるのは当たり前です。ただし、プロの演奏家は疲れても吹ける術を知っています。その術を自分で見つける必要はあるでしょう。

きほんの「上」に

楽器と体のメンテナンス

●楽器のメンテナンス

　トランペットの日々の手入れに欠かせない必需品である「ヴァルヴ・オイル」や「スライド・グリス」は、種類によって、ピストンを押した感触や上がり具合、スライドの密着度（硬め、緩め）が変わります。そういった微妙な違いが、トランペットの吹奏感や音色にも若干の変化を与えます。自分の好みに合ったオイルやグリスを見つけるのも、トランペット吹きとしての楽しみの一つでもあります。

　管の中はいつも清潔にしていますか？　吹いていると、楽器の中にだんだん水がたまってきます。これは、外気と息との温度差によって、管の中の水蒸気が結露して発生した露です。その水滴が残ったままケースに密閉してしまうと、楽器の中にカビが発生します。

　そういう状態で演奏を続けていると、カビが自分の体内にも入り込み、肺にカビが発生する恐れがあります。気管支炎や肺炎にかかる管楽器奏者は少なくありません。症状がひどくなると命の危険性もあります。あなたの体を守るためにも、日頃からしっかり掃除・メンテナンスを行ってください。

●毎日の楽器の手入れ

①ピストンを押さえながら抜き差し管を引き抜き、たまった水分を出す。
②チューニング・スライドとマウスパイプにトランペット用のスワブを通して、水分をしっかり取る。
③ポリシングクロスで楽器の表面の汚れを拭き、楽器ケースにしまう。

●体のメンテナンス

　ふだんからの体調管理もトランペットを演奏する上でとても大切なことです。ほかにも気を付けたいことを挙げます。

● 血糖値を下げ過ぎない

　低血糖になると、集中力が低下して力が発揮できません。呼吸も浅くなります。さらに、手足が震えて動悸(どうき)も起こります。気分も不安になり、ふらつくこともあります。おなかいっぱい食べ過ぎるのも息苦しくなってしまいますが、空腹によって起こりうる低血糖にもご注意を！

● 日頃から睡眠不足に気を付ける

　脳の機能低下は身体の機能低下にもつながります。脳の疲れは睡眠でしか回復しません。睡眠をしっかり取って、疲れた脳をリフレッシュさせましょう。

　脳のエネルギー源はブドウ糖のみです。ブドウ糖は炭水化物や果物、甘いものから摂取できます。体内のブドウ糖が不足し続けると脳は筋肉を分解してブドウ糖をつくるので、代謝が悪くリバウンドしやすい体になります。

　血糖値を下げないためにも、脳にエネルギーを与えるためにも、炭水化物を摂取するのが効果的です。ただし、取り過ぎると脂肪になって蓄積してしまいます！

● 体を温めてから演奏する

　体が冷えていると思うように演奏ができません。血行が悪いと筋肉の動きが低下するからです。トランペットの演奏は、口の周りの筋肉をアスリートのように動かす必要があります。スポーツ選手が試合前までベンチコートなどを着て体を冷やさないのと同じように、体、特に顔が冷えているときはしっかり温めて血行をよくしてから演奏してください。

● 唇をケアする

　唇の弾力性は冬場の乾燥や夏場の発汗による水分不足で失われ、音や唇の振動を支えるために必要なプレスに耐えきれず、すぐに厚みがなくなりうっ血して振動しなくなります。1年を通して水分補給を十分に行い、必要に応じてリップクリームなどで潤いを保ちましょう。

きほんの「上」に

一度音が出なくなった唇は、木管楽器の使い古したリードのように使い物になりません。ただし食事と睡眠をしっかり取れば復活します。でも、翌日です。無理やり吹きすぎれば唇が腫れたり切れたりしてしまいます。それは疲労ではなく正真正銘のけがです。翌日どころか、完治するまでトランペットの演奏は控えたほうがよいかもしれません。

　また、唇のためにも常に正しい奏法で息をしっかり使って演奏してください。譜読みだからといって口先でピーピー吹く、それこそが唇に大きなダメージを与えます。譜読みであれば本番のようにすごく大きな音、すごく弱い音でなくてもかまいませんが、いつもしっかりブレスを取って息を真っすぐ吐き出すのが最もよい唇のメンテナンスです。そして、唇に大きなダメージを与えることなく１日を終えられると、翌日もよい演奏や練習ができます。今日は唇を使い過ぎたなと思ったら、翌日は少し軽めのメニューにして負担を減らし、前日とのバランスを取ってください。

●上達の前に、まず健康から

　トランペットを演奏しているとき、体幹、首や背中、ときには足も、それこそ全身で息を吐き出す圧力を支えているかもしれません。

　以前、整体の先生から「何か本格的にスポーツをしているのですか？」と尋ねられたことがあります。背中の奥深くにある、肺に近い裏側の筋肉がすごく発達している上にこっていたようで、肺活動を激しく行っている、普通ではない職業の人だと、その先生は思ったとのことでした。

　体中には多くの筋肉が存在しますが、トランペットの演奏には、自分では気付かない筋肉も駆使しているようです。どの筋肉がどのように影響しているかはわかりませんが、ふだんからの体力づくりは、トランペットの演奏においても損はなさそうです。

　健康的な体は心も健康にします。まさに「心身一如」「心身一体」です。本番で自信をもって演奏する、最後までやり切るための強い心は、健康であるからもてるのです。

マウスピースの選び方

●サイズ選びは重要

　マウスピースは体に最も近く、音を作る唇に直接当てる部分なので、トランペット本体よりも音色やスタミナに大きな影響があります。

　まずは自分のベーシックとなるものを1本持ちましょう。私はふだんからめったに使い分けはしていません。選ぶポイントは、体格と唇の厚みが、マウスピースの口径と合っていることです。ですからサイズ選びは特に重要です。

　基本となる組み合わせはこのようになります。

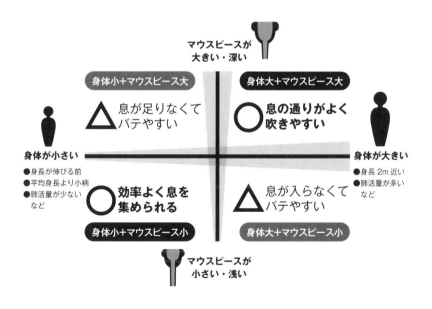

図13　マウスピースと体格のチャート

選ぶときは自分の体、大きさ、そして技術に合ったものを選びましょう。体の成長や、技術の上達段階に合わせて変えていってもよいです。

深さの考え方も上記の大きさとだいたい同じです。カップが深くなると息のスピードが遅くなりますが、奥行きが生きるので、フリューゲルホルンのような温かい音がほしいときに深いマウスピースを使うこともあります。

すてきなアンサンブルはすてきな人間関係から生まれる

いいアンサンブルはいいハーモニーやリズムから生まれます。でも、それだけでは足りませんし、一人でチューナーを見てピッチを合わせていても、アンサンブルはつくれません。

やはり人間関係がいちばん大切です。一緒に演奏する人たちと、お互いに信頼し合える仲間関係ができていますか？

仲間というのは、本番が終わった後に抱き合って喜べるような関係のことです。ふだんから一緒に音楽をしていて喜べるのが仲間です。先輩や後輩、あるいは演奏経験の多さなどの差はあっても、どちらかを見下したり、変に上に見過ぎたりしていたらよくありません。いい音楽をもたらすのは、お互いに尊重し合う関係です。

複数の人が集まったときに、同じ方向を向いていることで一つのグループとしてのまとまりが生まれます。そのためには、演奏以外でもできるだけ時間をともにして、議論してお互いを理解することが必要です。

一緒にご飯を食べる、一緒にお茶をする、一緒に遊ぶ、一緒に帰る。そういったことがアンサンブルにつながっています。私自身、プロのトランペット奏者になって世界中の音楽仲間と交流するようになってからも、それは変わりません。

演奏している人たちが楽しくなければ、聴いている人も楽しめないでしょう。まずは自分が楽しめることが大事です。そしてお客様が喜んでくれれば、自分にも喜びが返ってきます。そんないいサイクルをつくっていきたいですね。

楽器を習う、教える

●習うときに大事なこと

　レッスンでもこの本を読むのでも、教わるときにいちばん大事なことは、「自分でも考える」ということです。主役は先生ではなくあなたです。先生だけのがんばりではなく、自分自身で事前に考えて準備し、その場でも考え、その後も考えて努力することによってレッスンに意味が生まれます。

　レッスン中、メモを取ることに集中して、先生のアドヴァイスや模範演奏を聴き逃す人がたまにいます。メモを取る間、レッスンがストップしてしまうこともあります。耳は先生の声、音に集中して、メモは楽譜にチェックする程度にして、しっかり書くのはレッスン後にしましょう。レッスンの前に先生に確認をとってOKであれば、録音するほうがより集中できるでしょう。聴き返して自分の変化も確認できますし、その場では理解できなかったこともわかるようになるかもしれません。

●教えるときに大事なこと

　学年が上がってくると、後輩に教えることもあると思います。自分自身でよく考えながら練習したり習ったりしていれば、相手の音や吹き方を見て何が必要かがわかるので、よいアドヴァイスをしてあげましょう。自分自身も忘れていたことを思い出したり、基礎を再認識したりして成長できます。

　自分のために学び、必要があれば自分のために他人に教え、そして、いつも考えて演奏する。それが、幸せな音楽へと結びつきます。

きほんの「上」に

楽器がなくてもできるエクササイズ

●隙間時間でエクササイズ

しばらくトランペットが演奏できないけれど、必要な筋肉をある程度キープしていたいときは、ちょっとした時間にエクササイズを行いましょう。

●口の周りの筋肉のエクササイズ

① 「アー」と言うように下顎を下げて口を大きくゆっくり開く。
② 口の周りの筋肉を上下左右に引っ張り、歯をむき出すようにして、筋肉に力を入れてグッと引っ張ったまま10秒間キープする。
③ 「ムー」と言うように下顎を上げて口をゆっくり閉じる。
④ 筋肉を唇の中心に寄せる(ただし唇をとがらせない)ように上下左右から押し合い、筋肉に力を入れてグッと押し合ったまま10秒間キープ!
⑤ ゆっくり力を抜いてリラックスする。

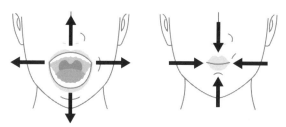

図14 (左) ②筋肉に力を入れて上下左右に引っ張った状態
(右) ④筋肉を唇の中心に寄せた状態
終了後のリラックスも忘れずに

●舌を速く動かす筋肉のエクササイズ

速いタンギングに必要な筋肉のエクササイズです。トランペットを使わずにタンギングだけの練習を行ってください。限られた時間で行うにはトリプル・タンギングがオススメです。ただし、発音(トゥのような息が流れているタンギングになるように)と舌を突く位置には気を付けて行います。

● たくさん息を使うための筋肉のエクササイズ

①握り拳をつくる。どちらの手でもかまわないが、よりトランペットを吹いている状態とリンクさせるために、左手で握り拳をつくり、右手はピストンを押さえるつもりで。
②拳の親指と人さし指側を、マウスピースのように閉じた唇に当てる。
③握り拳の中から息をビューっと限界まで真っすぐ吸い込み、肺をしっかり膨らませる。握り拳の隙間が狭いほど、吸う抵抗が強く、より鍛えられる。
④限界まで吸い込んだら、今度はその握り拳の中に真っすぐ息を吐き出す。これも隙間が狭いほど、吐く抵抗が強く、より鍛えられる。このとき、実際にトランペットで音を出しているかのように、頭の中での音と右手の運指を合わせて、息を真っすぐ吐き出す。
⑤最後まで吐き切ったら、もう一度握り拳の中から真っすぐ息を吸い込み、また握り拳の中に真っすぐ息を吐き出す。息を吐き出すときに、握り拳の抵抗に負けてしまい、ほおが膨らんでしまわないように注意する。

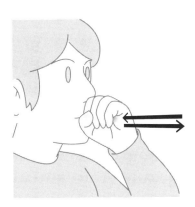

図15 握り拳を通して息を吸い、吐き出す。このようなトレーニングのための器具（パワーブレスなど）もある

コラム プラクティスミュート

例えば旅行中にも練習したいときは、宿泊先のホテルで空いている宴会場を借りて練習するのがベストです。しかし、たいていはホテルの部屋でプラクティスミュートを使って軽く練習するしかありません。吹奏感がふだんとまったく違うので、長時間の練習はかえって調子を崩します。必要最低限の基礎練習や曲の確認程度がよいと思います。

緊張を味方にする

●緊張との付き合い方

緊張は悪いことのように言われますが、緊張感がないよりはあったほうがいいのです。緊張するとアドレナリンが出て、気持ちを高めて集中力を発揮することができるからです。そのために私が心掛けていることを紹介します。

●自信のつく練習をする

ちゃんと準備をしていないと緊張します。自信につながる練習を毎日して、場数を踏むのが大切です。スポーツの世界でも、真剣勝負であればあるほど、いろいろなデータを基に分析し、対策を練って試合に挑みます。私たちもここいちばんといったときは、基礎技術能力と音楽性を高めたうえで、本番に向けての分析と対策をしっかり行っておく必要があります。

●演奏に集中する

考え過ぎないのも一つの手です。人間は一つのことに集中するとほかのことが見えなくなるので、演奏に集中すれば緊張を忘れることができます。

●体の調子を整える

体調が悪いと不安も大きくなります。健康第一、心身一体。また、緊張すると息も浅くなってすべてが悪い方向に行ってしまいます。まずは深呼吸。そして、なんのためにトランペットを吹くのかもう一度考えましょう。吹くのが楽しい、うれしいのが、楽器を続けることの原点のはずです。

「トランペット的」な生き方

●大切なのは「音楽を楽しむ」こと

　価値観が人それぞれ違うように、音楽性も人それぞれ。好みはあっても正解はありません。一流のピアニストが演奏したショパンより、ピアノを習いたての自分の子どもが一生懸命演奏したブルクミュラーのほうが感動して涙が出た、なんてこともあると思います。

　自分の価値観を他人に押しつけたり、それ以外を否定したりするのは好ましくありませんが、自分の音楽的価値観がなさ過ぎては、なんのためにがんばっているのかわからなくなってしまいます。「こんなふうに演奏したい」「聴き手にこんな感情を共感してほしい」など、常に演奏する価値を見いだして、トランペットを吹きましょう。

　いちばん大切なことは、音楽を楽しむことです。演奏技術の高さは関係ありません。今、自分が楽しんでいるか、それがいちばん大切な、自分が演奏する価値だと私は思います。

●憧れの音楽を見つける

　人々を魅了する演奏は、このような価値観から生まれます。そして魅力的な演奏は高い評価を受けて、人々にとっても価値のあるものとなります。

　よい演奏を聴くと、自分の理想が現実の音として耳から脳に届きます。繰り返し聴いていれば、脳にその音楽が刷り込まれて、明確な理想像となります。これが具体的な目標となって大きな道筋を築き、揺るぎない演奏の方向性をつくっていくのです。

　このような、憧れる音・演奏・音楽をまず見つけましょう。そのためには、たくさんよい音楽をたくさん聴くしか方法はありません。生演奏のほうが耳だけでなく、肌やその場の空気感などを通して体感できるので、より強く心

きほんの「上」に

に響き、脳に焼きつけられます。

　そして、トランペットだけが音楽ではありません。作曲家たちは、ヴァイオリンやピアノ、もしくは声楽のために多くの名曲を残しました。トランペット以上に表現力が豊かなそれらの音楽にふれることで、幅広い音楽表現を知ることになり、音楽的価値観を高めることに役立ちます。

　そして、それらの集合体がオーケストラです。交響曲、協奏曲、管弦楽曲、歌劇などで、音楽性、表現力、色彩感といった音楽のすべての要素が存分に味わえます。自分の好きな曲や好きなアーティストをもてるように、多くの作品にふれて、よい音楽をたくさん知ってください。

●失敗は成長のチャンス!

　あまり「こうでないと意味がない」「失敗したらすべてが台無しだ」のように、自分を追い込む必要はありません。失敗は自分を成長させてくれる最大のチャンスだと思います。失敗して落ち込むのは、それだけ真剣にトランペットと向き合っているからなのです。たくさん失敗して落ち込んで、たくさん学んでください。私も毎日が反省の繰り返しです。だから、飽きずに今までトランペットを続けられているのだと思います。

　練習や努力は、音楽の答えを見つけるためにするのではなく、もっと音楽を楽しむために、もっと幸せな音楽と出合うためにするものだと思います。失敗は後退ではなく、むしろ前進です。

　音楽も人生も前進あるのみ。失敗を恐れず、いつも胸を張って演奏しましょう。これがトランペット的な生き方!　ただし、同じ失敗を二度と繰り返さないように、原因究明と対策、改善をしっかり行いましょう。失敗は倍にして返す!　これもトランペット的な生き方です。

おわりに

　私は、毎日「トランペットを吹いていてよかった」と思います。同じトランペットでも毎日違うことを吹いていて、同じ曲をやっても昨日と違う今日の発見があります。それが楽しいと思っていますし、楽しもうとも思っています。

　つらい、つらいと思っていたら仕事がつらいですし、吹奏楽部で楽器を吹いている人なら部活や、部活の人間関係までつらくなってしまいます。目先の不安よりも、この先出合う楽しみのことを考えたほうがずっと幸せになります。私はそのために準備をして、日々の努力を続けています。

　吹奏楽部の引退とともに、トランペットも引退なんて話をよく聞きます。続けたくても、いろいろな事情によって泣く泣く続けられないという人もいるでしょう。

　トランペットの演奏に必要な筋力は、世界のトップクラスでもない限り大げさなものではありません。それに、何年か継続して脳にたたき込んだ音楽的発想力は、そう簡単に消滅しません。演奏する能力は、低下はしても一からやり直しにはならないのです。できるだけ音楽とふれ合っていれば、再開後もわりとすぐ「あの頃」のような演奏に戻れると思います。

　そして、聴く楽しみも音楽の醍醐味です。演奏者の喜びと聴衆の喜びが同じ時間を共有することによって、お互いの心に残る素晴らしいコンサートが生まれます。いろいろな事情で演奏できなくなったら、ぜひとも聴く側になってコンサートを盛り上げてください。

　音楽は心を豊かにします。音楽は人々を結びつけ、人々の心を和ませます。音楽が平和な世界をつくるかもしれません。人それぞれ生き方や考え方は違いますが、地球上の多くの人々が、生涯、音楽を友とし、音楽を愛し、そして人々を愛し続けてほしいと心から願っています。

2018年10月

高橋 敦

特別寄稿

「本番力」をつける、もうひとつの練習
誰にでもできる「こころのトレーニング」

大場ゆかり

　演奏によって、私たちの心を動かし、魅了してくれるすばらしい音楽家たちは、表現力が豊かで卓越した演奏技術はもちろんのこと、音楽に対する深い愛情をもち、音楽を楽しむ気持ちを大切にしています。そして、音楽や自分なりの目標や夢の実現に向け、真摯に音楽と向かい合っています。また、逆境やアクシデントをチャレンジ精神やポジティブ・シンキングで乗り越える強さとしなやかさもあわせもち、演奏前や演奏中には高い集中力を発揮しています。

　さて、日々の練習の集大成として最高のパフォーマンスをするため、本番に理想的な心理状態で臨むためには、心の使い方や感情・気分のコントロールができるようになることが必要です。

●こころのトレーニングを始めよう!

　まずは、これまでやっていたこと、できそうなこと、やってみようかなと思えることに意識的に取り組んでみましょう。

①**練習前後に深呼吸をしたり、目を閉じて心を落ち着かせる**
　　緊張・不安、やる気のコントロール
②**練習中に集中できなくなったときに体を動かしたり、気分転換をする**
　　集中力の維持・向上
③**ちょっとした空き時間や移動時間を利用して曲のイメージを膨らませる**
　　イメージトレーニング
④**本番で拍手喝さいを受けている自分を想像する**
　　イメージトレーニング

⑤練習記録をつける
　目標設定とセルフモニタリング（記録と振り返り）
⑥寝る前にストレッチやリラックスする時間をとる
　ストレスの予防・対処

●「練習記録」と「振り返り」でステップアップ！

　上達のためには、本番や目標への取り組み過程や練習内容・成果、体調・気分、できごとを記録し、振り返ることが大切です。記録と振り返りを行うことにより、自分の状態や課題、自分自身の体調や気分の波、練習の成果が現れるプロセスやパターンに気付けるようになります。また、記録することで、取り組み内容や頑張ってきたこと、工夫したことなどを、自分の目で見て確認することができるため、やる気を高く保つことにもつながります。本番前など不安が大きくなったとき、自信がもてないときに、あなたの練習記録があなたを励まし、本番に向かう背中を押してくれることでしょう。

練習記録の例

わたしの練習日記

日付	できた？	練習内容	結果	体調・気分
4月8日(月)	△	基礎練	スケールをいつも間違える	寝不足
4月9日(火)	◎	課題曲のC	うまくできた	元気
4月10日(水)	○	パート練	Eのユニゾンがそろった！	元気
4月11日(木)	△	譜読み	臨時記号で間違える	だるい
4月12日(金)	○	課題曲の全体合奏	いい感じ！	◎！
4月13日(土)	×	イメトレ	模試でほとんどできなかった	微熱
4月14日(日)	○	ロングトーンとスケール	10分だけだったけど、集中していい音が出せた	元気。午後からは遊んだ

《4月2週目まとめ》　←振り返る（1週間でなく1か月単位でもよい）

● 先週より音が良くなってきたかも。
● 指はやっぱり難しいから来週はゆっくりから練習しよう。

● 「振り返り」のポイント

　これまで練習してきたことや取り組んできた課題、目標が十分に達成できたかについて考えましょう。

　本番の成績や順位、点数、合否、ミスタッチの有無など「結果」も気になりますが、「プロセス（これまでの頑張り）」に注目しましょう。

●音楽と長く楽しく付き合っていくこと

　心理学者のアンジェラ・リー・ダックワース博士は、一流と呼ばれる人たちは、生まれもった才能や資質に恵まれている特別な人なのではなく、グリット（やり抜く力）と呼ばれる一つのことにじっくりと取り組み、失敗や挫折にめげずに粘り強く取り組む力や努力を続ける力が非常に高いことを明らかにしました。ダックワース博士は、「努力によって初めて才能はスキルになり、努力によってスキルが生かされ、さまざまなものを生み出すことができる」と言っています。たとえ、2倍の才能があっても2分の1の努力では決してかなわないというのです。

グリット（やり抜く力）

●情熱
- 一つのことにじっくりと取り組む姿勢
- 長期間、同じ目標に集中し続ける力

●粘り強さ（根気）
- 挫折にもめげずに取り組む姿勢
- 必死に努力したり挫折から立ち直る力

せっかく始めた音楽を「才能がない」「素質がない」と言ってあきらめてしまったり、頑張ることをやめてしまったら、それは、自分で自分の可能性の芽を摘み、自らできるようになる未来を放棄してしまっていることと同じことになってしまいます。もし、「どうせ」「無理」「できない」と弱気の虫が出てきてしまったら、あきらめてしまう前に、音楽を好きだ・楽しいと思う気持ちや、初めて楽器に触れたときのこと、初めて良い音が出せたと思えたときのこと、仲間や聴衆と心を通わせ音を合わせて紡いだメロディーや一体感を思い出してみてください。

　そして、できない・うまくいかない今のことばかりにとらわれ続けて、ただやみくもに練習を繰り返すのではなく、できるようになった未来を明確に思い描きながら、できない今とできるようになった未来の違いを考えてみましょう。

　そうすると、できるようになるためにどうすればよいのか、今、自分に必要な練習は何か、乗り越えるべき課題は何かをはっきりさせることができます。さらに、うまくできている人のまねをしてみたり、うまくいくコツを見つけたり体感したりしながら、さまざまな工夫や試行錯誤を繰り返すことが、課題を克服するための具体的で現実的かつ効果的な練習にもつながります。

　才能や能力は伸びるものだと信じ、「今はまだできなくても、練習すればできるようになる」と考えるようにすると、今はまだできない課題の克服のための努力や挑戦を続けていく力が生まれてきます。まずは、「必ず、できるようになる！」と強く信じ、日々、できたことやできるようになったことに注目しながら、あきらめず、粘り強く、できるようになっていくプロセスを楽しみつつ、音楽と長く楽しく付き合っていってください。

大場ゆかり　九州大学大学院人間環境学研究科博士後期課程修了。博士（人間環境学）。武蔵野音楽大学専任講師としてメンタル・トレーニング等の講義を担当。『もっと音楽が好きになる　こころのトレーニング』を音楽之友社より刊行。

著者プロフィール

Photo © Masato Okazaki

高橋 敦（たかはし・おさむ）

東京都交響楽団首席トランペット奏者。サイトウ・キネン・オーケストラ、水戸室内管弦楽団にも定期的に出演しており、小澤征爾氏の信頼も篤い。日本で最も注目されるトランペット奏者。宮崎国際音楽祭、霧島国際音楽祭、別府音楽祭などへも定期的に参加。ミュンヘンARD国際音楽コンクールの審査員も務める。洗足学園音楽大学客員教授、東京音楽大学講師。第65回日本音楽コンクール第1位。第13回日本管打楽器コンクール第1位。

もっと音楽が好きになる 上達の基本 トランペット

2018年11月30日 第1刷発行
2023年 8月31日 第3刷発行

著者	高橋 敦
発行者	堀内久美雄
発行所	株式会社 音楽之友社

〒162-8716 東京都新宿区神楽坂6-30
電話 03（3235）2111（代表）
振替 00170-4-196250
https://www.ongakunotomo.co.jp/

装丁・デザイン ── 下野ツヨシ（ツヨシ＊グラフィックス）
カバーイラスト ── 引地 渉
本文イラスト ── かばたたけし（ツヨシ＊グラフィックス）
楽譜浄書 ── 中村匡寿
写真 ── 岡崎正人
印刷・製本 ── 共同印刷株式会社

©2018 by Osamu Takahashi Printed in Japan
ISBN978-4-276-14585-6 C1073

本書の全部または一部のコピー、スキャン、デジタル化等の無断複製は著作権法上の例外を除き禁じられています。また、購入者以外の代行業者等、第三者による本書のスキャンやデジタル化は、たとえ個人や家庭内での利用であっても著作権法上認められておりません。
落丁本・乱丁本はお取替いたします。